AF349302

DAVID ORTEGA PÍAS

PABLO CAMACHO LAZARRAGA

ALBERTO MARTÍN BARRERO

LA ANTICIPACIÓN EN LOS DEPORTES DE EQUIPO

LOS PROCESOS PERCEPTIVOS PARA SU MEJORA

ÍNDICE

1. Introducción

Las diferentes modalidades de deportes de equipo suelen ser deportes compuestos principalmente por habilidades abiertas y complejas, por lo que el rendimiento deportivo de élite no solo implica el control eficiente de dichas acciones, sino que además incluye la predicción y anticipación de las acciones de los rivales, compañeros, situaciones estratégicas y demás factores que hacen de este tipo de deportes un hábitat estresante desde el punto de vista cognitivo y físico. Aunque existen muchos estudios sobre el comportamiento de los deportistas en dicho entorno que justifican la existencia de una diferencia cognitiva y motora entre jugadores con diferente nivel de experiencia, se conoce poco acerca de las bases neurales de dicha habilidad.

El desarrollo de esta obra se explica dentro de un contexto que promueve la inclusión de un trabajo perceptivo en el diseño de las tareas en nuestras sesiones prácticas. Por tanto, teniendo en cuenta que la tecnología avanza vertiginosamente, el uso de herramientas tecnológicas, como puede ser la simulación por ordenador, podría convertirse en un apoyo fundamental fuera del campo de juego, cuyo objetivo sea la mejora de los procesos perceptivos, y en consecuencia el aumento de la capacidad de anticipación en situaciones de juego real, sobretodo aplicado a jugadores de alto rendimiento, donde predecir y anticiparse a las acciones del rival tiene una relevancia importante, pudiendo tener también una aplicación en las categorías de formación, siempre y cuando se realice una adaptación de dichos planteamientos a sus necesidades.

El propósito de esta obra es ofrecer una base teórica de las diferentes teorías propuestas en la bibliografía existente actual, ejemplificando de forma práctica algunos modelos de trabajo.

Las grandes diferencias entre los jugadores expertos y los nóveles a la que tanto hacen referencia multitud de artículos, nos debe servir como fuente de inspiración a la hora de diseñar nuestras tareas cognitivas complejas, favoreciendo que nuestros jugadores con una capacidad perceptiva alta, mejoren de manera considerable la velocidad en la toma de decisiones durante el juego. La efectividad en la ejecución tras la toma de decisión será fruto de la propia experiencia y los años de entrenamiento y competición paralela realizada.

Además, el hecho de conocer las diferencias que hay entre jugadores con nivel de pericia alta y baja debe servirnos como guía sobre la que establecer un programa de formación que favorezca el desarrollo de la inteligencia motriz de los jugadores.

El objeto de nuestro estudio es mostrar la importancia que tiene el desarrollo de habilidades perceptivas durante los entrenamientos para conseguir una mejora en los procesos de anticipación en el juego real, utilizando recursos que aumenten el rendimiento de nuestros jugadores, siendo conscientes de que para ello, el uso de la tecnología actual es fundamental para el trabajo fuera y dentro del campo de juego.

Para ello, presentaremos una visión del conjunto de investigaciones y teorías que acompañan a los procesos de percepción y la anticipación en los deportes de equipo, con casos prácticos orientados al baloncesto. Definiremos las diferencias existentes entre los jugadores expertos y noveles, pues son la raíz desde la que debemos partir en el trabajo con nuestros jugadores. Por último, mostraremos los distintos métodos que existen para el desarrollo de las habilidades perceptivo-cognitivas, haciendo especial hincapié en la importancia de la inclusión de un trabajo perceptivo en las tareas diarias, a través de diferentes métodos de entrenamiento que pretenden conseguir una formación integral de los jugadores, desarrollando deportistas completos con una capacidad competitiva avanzada basada en una mejor preparación de sus habilidades perceptivas y decisionales.

2. El Proceso de Anticipación

2.1. Concepto.

Durante estos últimos años se ha producido un aumento significativo en el número de investigaciones que intentan estudiar los procesos de anticipación y toma de decisión en el deporte en general. Las primeras investigaciones tienden a centrarse en la comparación entre jugadores muy cualificados y poco cualificados en relación, a la forma en la que procesan la información.

Los psicólogos cognitivos consideran que la anticipación y la toma de decisión están mediadas por estructuras de conocimiento almacenados en la memoria, relacionado con la experiencia deportiva que posean.

La percepción, entendiéndola como un proceso de organización de la información relacionada con el comportamiento motor, debe incluir el reconocimiento de estímulos y su relación con el tiempo de ejecución motriz.

En la práctica, el rendimiento deportivo requiere de un conjunto de habilidades perceptivas, técnicas, tácticas, psicológicas y físicas. Concretamente, en los últimos años ha existido un reconocimiento por parte de los investigadores, entrenadores y profesionales de la *percepción* como un factor clave en la actuación deportiva (Williams, Davids, Burwits y Williams, 1992), sugieren que la actuación efectiva de los jugadores en los entrenamientos con déficit de tiempo, espacio y otras presiones cognitivas requieren que los jugadores localicen su atención en lo realmente de cada acción de juego, adquiriendo con ello experiencia en diversos aspectos de su formación como jugador de baloncesto. Predecir un comportamiento constituye un fenómeno muy común en el baloncesto, a esto se le llama *anticipación*.

La anticipación se define, dentro de los deportes colectivos, como *"aquella acción que permite realizar un movimiento de interposición a la trayectoria del oponente o del móvil, teniendo en consideración la situación del juego, las propias capacidades y las del oponente, así como las intenciones técnico-tácticas asignadas en función del sistema de juego del propio equipo"* (Guzmán y García, 2002 pp. 37-38).

La anticipación, como *"capacidad de predecir comportamiento futuros relativos a la percepción de trayectorias, así como la sincronización con el movimiento o varios miembros corporales para considerarlos en un momento temporal"* (Oña et al., 1999), es considerada por algunos autores como *"asociaciones bidireccionales entre patrones motores y representaciones de eventos en movimiento"* (Elsner y Hommel, 2001), que el jugador inicialmente utiliza de forma casual, y posteriormente lo aplica intencionadamente para controlar la acción final. Por otro lado, Houston y Lowes (1993) lo define como *"el proceso por el que los deportistas utilizan avances informativos para coordinar su consiguiente comportamiento"*.

Se podría decir, por tanto, que la anticipación es un proceso con multitud de facetas que facilita el rendimiento deportivo, permitiendo la integración de la respuesta técnica y reduciendo de forma clara el número de elecciones y decisiones que debe realizar un jugador (Ruíz y Sánchez, 1997).

2.2. Clasificación.

La anticipación es una de las características que se manifiestan claramente en jugadores profesionales con alto nivel de experiencia, distinguiéndose en ella dos partes fundamentales:

- Capacidad para predecir, a partir de informaciones externas, los acontecimientos posteriores.

- Capacidad para anticipar las señales internas que contribuyen a la organización y ejecución de la respuesta motriz que se requiere en cada instante.

Fue Poulton (1957), quien expuso una clasificación que hacía referencia a tres tipos de anticipación:

a. **Anticipación efectora**: se relaciona con la predicción del tiempo que se empelará en la producción de la respuesta motriz requerida. Para llevar a cabo una labor eficaz, el jugador debe ajustar correctamente el tiempo de su acción al tiempo que ésta le va a costar.

b. **Anticipación receptora**: se trata de predecir el tiempo que empleará un acontecimiento en sucederse. Por ejemplo, la duración de la acción del oponente o de la alteración del medio desde su comienzo hasta el punto en el que el sujeto debe actuar. En la intercepción de un pase, el jugador deberá predecir la duración del vuelo del balón, con objeto de ajustar su gesto para recuperar el balón.

c. **Anticipación perceptiva**: se trata del tipo de anticipación con mayor complejidad, ya que el jugador debe predecir las características de los estímulos antes que éstos se produzcan, tras la identificación por parte del jugador de determinados patrones que por su propia experiencia le permiten predecir una acción final.

De una simbiosis entre las modalidades de anticipación efectora y receptora surge la *anticipación coincidente,* comúnmente llamada en el argot del baloncesto como *timming* (Moreno, 1998; Castillo, 2000).

Otra clasificación sobre la anticipación distingue entre la anticipación temporal y espacial (Schmidt y Peper, 1991).

a. **Anticipación espacial o de acontecimientos**: Supone conocer qué tipo de estímulos van a estar presentes y qué tipo de respuestas serán requeridas para solucionar el problema motriz. Este tipo de anticipación está relacionado con el proceso de anticipación perceptivo, ya que considera las acciones previas para conseguir información que pueda ayudar a predecir la reacción y por tanto anticiparse.

b. **Anticipación temporal**: el jugador se anticipa a la acción que puede ocurrir, disminuyendo drásticamente el tiempo empleado para responder, disminuyendo drásticamente el tiempo empleado para responder. Se han desarrollado muchos experimentos relacionados con el tiempo de reacción (TR) en pre-períodos (instantes antes del estímulo) manipulados de forma aleatoria y predeterminada, ofreciendo TR mayores en pre-períodos aleatorios (Quesada y Schmidt, 1970).

Pero fueron Fleury y Bard (1985) quienes propusieron que la anticipación debería ser descrita en tres etapas fundamentales:

1. Etapa Sensitiva: Donde el jugador adquiere la información acerca del tiempo y posición característica del estímulo.

2. Etapa Sensomotora: Donde la respuesta del movimiento se integra con la información sensorial.

3. Etapa de ejecución de movimiento.

Lo que nos debe quedar claro es el beneficio de la conducta de anticipación, ya que si la defensa de un equipo de baloncesto puede anticipar cuáles pueden ser los movimientos del equipo oponente (anticipación espacial) y además en qué momento ocurrirá dicho proceso (anticipación temporal), podría iniciar su actuación defensiva con antelación para evitar la progresión de su ataque, generando con ello situaciones de precipitación, malas decisiones y en consecuencia ejecuciones fallidas por parte del ataque.

3. Anticipación y Rendimiento Deportivo

Desde la perspectiva de la conducta motora, y basándose en los enfoques cognitivos, la investigación de este proyecto hace referencia a diferentes cuestiones que servirán de base para el desarrollo posterior del texto:

1. ¿Son capaces los jugadores expertos de hacer un mejor uso de la información conceptual para anticiparse en acciones futuras?

2. ¿Cómo codifican y recuperan dicha información los jugadores de baloncesto? ¿Los jugadores expertos son capaces de hacerlo de forma más estructurada que los nóveles?

3. ¿Son los jugadores con nivel de perica alto capaces de hacer un uso más efectivo de la probabilidad de que un evento ocurra o no?

4. ¿Son nuestros jugadores más cualificados los que toman mejores decisiones (más rápidas y efectivas)? En caso afirmativo, ¿Cómo surgen estas habilidades, por la práctica o la experiencia?

Hemos revisado multitud de evidencias que sugieren que los jugadores de baloncesto con mayor experiencia son capaces de reconocer patrones y recuperar la información de forma más precisa y rápida que sus homólogos menos expertos. Por este motivo, el proceso de anticipación está claramente mejorado en los jugadores de élite (Abernethy, 1990 y 1993; Allard y Starkes, 1991; Azemar, 1987; Ripoll, 1987; Starkes, Helsen y Jack, 2001; Ruíz y Arruza, 2005; Ruíz, Sánchez, Durán y Jiménez, 2006).

El argumento del estudio nos hace dirigir la atención hacia que los jugadores profesionales son capaces de discriminar de forma más eficaz la información dentro de su campo visual, pudiendo prever con antelación lo que va a suceder, de forma que mediante el uso de pruebas de simulación por ordenador y otras técnicas paralelas, podamos llevar a la práctica entrenamientos de potenciación de la capacidad perceptiva tanto dentro como fuera de la pista de baloncesto y así obtener mejores resultados en los procesos de anticipación en nuestros jugadores con su consiguiente aumento en el rendimiento deportivo.

Por último, presentaremos pruebas que demuestran que los jugadores más cualificados tienen mejores habilidades para tomar decisiones que sus compañeros menos cualificados. La investigación sugiere que los expertos toman decisiones superiores, y esto se debe a un conocimiento cognitivo mejorado que se ha desarrollado a través de la realización práctica del baloncesto, más que un subproducto de la experiencia o la observación (Abreu, 2014).

4. Factores que influyen en los Procesos de Anticipación

4.1. Tipo de habilidad a desarrollar

Habilidades motoras abiertas

Son aquellas que modifican continuamente su comportamiento a lo largo del juego, no pudiéndose predecir cómo van a variar según cambie el estímulo. Gracias a la tecnología y al hecho de haber adoptado un enfoque de acción-percepción por descubrimiento guiado, existen estudios que han demostrado que la capacidad de percepción y toma de decisión de los jugadores pueden ser entrenados mediante tareas constituidas por habilidades abiertas. Es decir, se ha demostrado que es posible desarrollar la capacidad de un jugador para identificar "señales" de sus oponentes, para así poder reaccionar con antelación.

Un estudio actual realizado por Serpell, Young y Ford (2011) ha demostrado que la *agilidad* es una habilidad motora abierta, y hasta cierto punto debe ser entrenada como tal.

Sin embargo, a pesar de haber tenido éxito, los programas de entrenamiento de habilidades abiertas pueden no ser siempre operativos y prácticos. En ocasiones es posible entrenar de forma complementaria los componentes perceptibles mediante juego de acondicionamiento y/o ejercicios de agilidad no planificados y aleatorios (este punto se desarrollará más adelante en el punto "Experimentos basados en pista").

Existen estudios, como los realizados por Rendell, Masters, Farrow y Morris (2011) que concluyen que el entrenamiento de las habilidades abiertas debe ir siempre acompañado de una serie de estímulos que aproximen al jugador a las situaciones reales del juego, donde las diferentes variables condicionadas sean percibidas por el mismo (por ejemplo, incluir defensa con/sin normas, variar distancias y velocidades de ejecución, incluir estímulos acústicos/visuales/kinestésicos, etc).

Habilidades motoras cerradas

Cuando se trata de un tiro libre en baloncesto, se habla de una habilidad cerrada, ya que en este caso las condiciones desde las que se ejecuta el tiro son predominantemente habituales; se realiza desde el mismo punto y la canasta se sitúa a la misma distancia e idéntica altura, lo que lleva a entrenador a considerar que se debe practicar la consistencia del lanzamiento, ya que las condiciones en que se realiza siempre son estables. En este caso, el entrenador enfocará su estrategia hacia la ejecución repetida del modelo planeado y el objetivo será acercarse lo más posible hacia la perfección del modelo, a fin de alcanzar la máxima eficacia en la acción.

Debemos hacer una pequeña apreciación en este punto, ya que si nos basamos en el ejemplo del tiro libre, aunque queda bastante claro que se trata de una habilidad cerrada, no significa que debamos entrenarla siempre de la misma forma (por ejemplo, podemos obligar a realizar "físico" antes del tiro libre con la intención de acercar al jugador a la situación de cansancio real de un partido, podemos hacerle competir de forma que anotar el tiro libre o no tenga una repercusión en el equipo, todo ello supone al jugador un estrés subyacente que le acerca de forma considerable a la transferencia real al juego, o colocar a otros jugadores en los pasillos de la zona para obtener el rebote después del lanzamiento a la canasta, creando con ello mayor estrés en el jugador que lanza).

4.2. Nivel de pericia de los jugadores.

Sin duda alguna, una de las líneas de investigación más intensas en las últimas décadas ha sido la indagación de las diferentes cualidades perceptivo-cognitivas de los expertos con relación a los que no disponen de ese nivel de pericia (ver revisión de Starkes, Helsen y Jack, 2001). Además, existen otros enfoques más cualitativos que tratan factores emocionales y sociales en busca de una explicación veraz sobre las claves de la pericia (Starkes y Ericsson, 2003).

Ambos estudios coinciden en relación, a la clásica dicotomía entre el factor genético y el ambiental, considerando que el origen de la pericia solo depende de una serie de cualidades intrínsecas, asumiendo que el aprendizaje y el entorno que rodea al jugador es de suma importancia.

Con el fin de poder profundizar más en estos aspectos diferenciadores, expertos y novatos han sido evaluados en aptitudes tales como tiempo de reacción, conocimiento declarativo, procedimental, estratégico o cognitivo, además de su capacidad para resolver problemas tácticos específicos.

A lo largo de los años muchos investigadores deportivos han defendido que la medición del rendimiento deportivo experto se debía llevar a cabo en condiciones de laboratorio (fuera de pista) que simulasen la realidad, lo cual les llevó al empleo de tareas muy diversas, complejas e incluso extravagantes. Entre este tipo e tareas las más comunes y predominantes han sido las tareas consideradas como *visuales* (Helsen & Pawels, 1993), en las que se emplearon situaciones de juego mediante esquemas interactivos o diapositivas, para introducir poco a poco presentaciones de grabaciones o videos de situaciones concretas.

El objetivo ha sido siempre analizar a los jugadores o deportistas con diferentes niveles de pericia, como paso previo para definir qué distingue a los expertos de los novatos. A través del uso de la tecnología *oculométrica* se ha podido describir la actividad ocular de los diferentes tipos de jugadores, intentando obtener resultados concluyentes de dónde miran y cuánto tiempo lo hacen; de esta forma se ha podido concluir resultados muy diversos entre expertos y novatos. Estudios liderados por el profesor Moreno (Ávila, 2001; Reina, 2004), así como el estudio de Ruiz, Mendoza, Del Valle y Sánchez (2001) son ejemplos del análisis de los comportamientos y estrategias visuales de deportistas.

En resumen, podríamos decir que estas investigaciones han concluido que ante las situaciones que presenta el baloncesto, el jugador con mayor calificación y experiencia emplea estrategias perceptivo-visuales que le permite extraer información de forma más eficaz y rápida que los jugadores novatos o con menor experiencia en su deporte (Williams y Ward, 2003). La prospección visual se organiza a partir de zonas de información diferentes según el momento táctico en el que se sitúen, pudiendo, de esta forma, aislar rápidamente los índices que le permita detectar, interpretar y predecir lo que va a suceder (Abernethy, 1990; Allard y Starkes, 1991; Azemar, 1987; Starkes, Helsen y Jack, 2001).

Características de los jugadores expertos y excelentes.

Vamos a establecer una caracterización de los diferentes aspectos perceptivo-cognitivos, psicológicos, ambientales y sociales que se incluyen dentro de la excelencia deportiva, aunque debemos tener en cuenta que es complejísimo definir a un jugador experto, ya que poseen un dinamismo de sus características que lo hacen voluble y cada día más complejo de definir:

Dimensión perceptiva-cognitiva

Este apartado ha recibido mucha atención en los últimos años (Abernethy, 1990, 1993; Allard y Starkes, Helsen y Jack, 2001; Ruíz y Arruza, 2005) nos llevan a afirmar, que:

a. Son expertos en su deporte, es decir, no manifiestan una pericia universal en el deporte. El experto en baloncesto, lo es en baloncesto, no en golf ni en fútbol, por muy bien que se le pueda dar su práctica.

b. Su pericia no se manifiesta en las medidas generales de sus aptitudes. Esto quiere decir que un experto no se caracteriza por tener una agudeza visual más desarrollada que otras personas no expertas, por ejemplo.

c. Son más sensibles al reconocimiento de los patrones de juego de su deporte, y solucionan antes y de forma más eficaz, los problemas que surgen en las situaciones que se les presentan en su deporte, comprendiendo con rapidez lo que sucede y las diferentes posibilidades de solución que el juego le ofrece.

d. Detectan y localizan mejor las informaciones relevantes de su deporte. Son sensibles a toda información que tiene sentido para su actuación, desechando lo que es irrelevante, lo que les lleva a trabajar con una gran economía mental y operacional.

e. Conocen mejor, y anticipan mejor, las acciones de sus oponentes, de los objetos de las situaciones.

f. Manifiestan unas estrategias más elaboradas de búsqueda visual. El conocimiento que poseen sobre su deporte les permite buscar las informaciones en las partes del campo perceptivo más ricas y significativas ara la toma de decisiones,

g. Conoce sobre las probabilidades de que un acontecimiento tenga lugar, facilitando su anticipación y toma de decisión.

h. Poseen mejores habilidades de autocontrol. Evalúan mejor sus actuaciones, gestionan de forma inteligente su esfuerzo físico, analizan de forma competente las situaciones difíciles durante la competición, no tienen miedo a fallar ya que afrontan esos momentos con una actitud positiva y decidida.

i. Poseen una inteligencia emocional capaz de permitirles soportar situaciones de alta exigencia sin abandonar.

j. Poseen un nivel de realización técnica y de condición física muy refinado.

k. Los expertos se ven menos afectados por los estados emocionales. Se crecen ante las situaciones difíciles, disfrutan compitiendo.

Dimensión emocional

Algunos autores han destacado lo sumamente importante que son los conceptos que engloba la "dimensión emocional" en el estudio de la pericia y la necesidad de un enfoque integrado (Tenembaum, 2003). La Psicología del Deporte (Gouls, Eklund y Jackson, 1992; Mahoney, Grabiel y Perkins, 1987; Orlick y Partington, 1988; Jackson, 1996; Jackson y Csiksgentmihalyi, 1999; Hanin, 2000; Jackson, 2000; Sánchez, 2001; Vande Auweele, Nys, Rzewnicki y Van Meele, 2001; Durán, 2003; Jiménez, 2004) y su preocupación por la excelencia ofrece toda una serie de características, entre las que destacamos:

- Poseen un alto nivel de compromiso.

- Realizan una práctica y entrenamiento de calidad. La práctica debe ser de calidad ya que los niveles de exigencia son elevados, y difícilmente pueden emplearse largas sesiones de entrenamiento con una elevada exigencia física.

- Poseen objetivos a corto y largo plazo, claros y definidos.

- Emplean abundantemente la práctica imaginaria, visualización y simulación mental. La mayoría de los deportistas han desarrollado su propio estilo de práctica imaginada.

- Son planificadores rigurosos de sus entrenamientos, han adoptado rutinas: De calentamiento antes de jugar un partido, rutinas para practicar después de un entrenamiento o incluso de un partido.

- Consideran de forma detenida y detallada su participación antes de las competiciones. Planifican mentalmente sus posible estrategias y procedimientos posibles de actuación.

- Es característico constatar que los deportistas excelentes suelen mostrar toda una gama de comportamientos diferentes, manía y demás cuando compiten.

- Evalúan sistemáticamente sus actuaciones realizadas y los resultados obtenidos. Conocen las razones por las que no rinden según lo esperado, y suelen emplear estrategias que les permitan recupera su capacidad de juego.

- Controlan las distracciones y la presión de la competición. Han aprendido a centrarse, a localizar su atención evitando preocuparse por todo lo que puede suceder a su alrededor.

- Se plantean objetivos en cada tarea del entrenamiento, incluso objetivos de resultado. Buscan desafíos continuamente, y no les suele afectar negativamente la evaluación de los demás. Manifiestan una conducta Let's try: Intentémoslo.

- Poseen una elevada confianza en sus posibilidades lo que les permite liderar las decisiones en el juego.

Diferencias entre jugadores expertos y novatos en relación, a los procesos de anticipación

Existen multitud de estudios en diversos deportes, donde se ha comparado la capacidad de anticipación en jugadores con alta experiencia frente a jugadores con nula o muy poca experiencia en dicho deporte (Brady, 1996; Farrow, 2001; Lidor, 1998; Mori et al., 2003). En todos ellos los jugadores expertos han obtenido mejores resultados cuando se han visto expuestos a tareas de carácter abierto, debido a que es muy común que estos jugadores expertos son capaces de prever lo que el oponente va a realizar o la dirección que tomará el balón con solamente visualizar una parte de la información que vean relativa al balón o al jugador (Farrow, 2001). Abernethy et al. (199) afirman que los jugadores con experiencia y cualificados no sólo recogen información previa de la acción del oponente, sino que además usa información adicional proveniente de distintas fuentes de información espaciales. Podríamos decir que dichos jugadores con un nivel avanzado son capaces de recoger información del cuerpo de sus oponentes, lo que llamaremos *pre-índices de movimiento,* con el fin de anticiparse a sus movimientos y obtener mejores resultados deportivos.

De esta forma, podríamos ver cómo la acción de predecir, y por lo tanto de anticiparse es un método primario para hacer frente a situaciones deportivas abiertas, como es el baloncesto en su conjunto; a través de los cuales pueden inferir en las intenciones/acciones de sus oponentes (Reina, 2004). Además, siguiendo a este autor, podemos ver que existen dos tipos de fuentes de información, principalmente, que contribuyen a la anticipación (sobretodo de cara a jugadores cualificados):

- Información global relacionada con la probabilidad de que ocurra un determinado evento.

- Los pre-índices de movimiento.

El primer tipo haría referencia a la información que el jugador puede obtener de los elementos previos del juego, que pueden obligarle a optar por una determinada opción u otra y desechar el resto.

El siguiente tipo haría referencia a la cinemática propia del gesto que el deportista ha aprendido a asignarle a una acción fruto de su experiencia (este tema lo trataremos más adelante de forma detallada).

Por lo tanto, podríamos decir que un jugador durante la ejecución de una acción del juego no solo maneja información referente al conocimiento de situaciones ocurridas con anterioridad, sino también la información resultante del análisis cinemática del oponente, de tal forma que los patrones clave de sus movimientos van a ayudar a predecir lo que va a hacer dicho individuo, o sea *anticiparnos.*

Por otro lado, un estudio realizado por Agliotti et al. (2008) exploró las relaciones neuronales de las capacidades perceptivas y motrices subyacentes en el proceso de anticipación en jugadores de baloncesto de élite. Proporcionaba evidencias de que los jugadores profesionales de baloncesto predicen el resultado de los tiros libres observados en video, ofreciendo resultados más precisos y rápidos que sus compañeros novatos y otras personas que no tenían experiencia motora directa con el baloncesto.

El incremento relacionado con la observación de la actividad neuronal en el sistema motor fue selectivo para la observación de las acciones aprendidas y practicadas durante años. El análisis psicofísico de la capacidad de predecir el destino del balón tras el tiro libre que se mostraban en los cortes de video de diferentes duraciones, indica que los jugadores de élite, probablemente, utilizan señales del cuerpo para realizar la tarea con éxito.

Las capacidades de predicción de los jugadores principiantes y los observadores expertos (periodistas deportivos, especialistas del deporte que nunca han jugado en alto rendimiento) se basaron principalmente en la trayectoria del balón. Este patrón de resultados alude a la importancia de la experiencia motriz en la anticipación perceptiva de las acciones realizadas por otros jugadores.

La influencia de la experiencia visual y motora es fundamental en la capacidad de anticipación. Demostraron un papel único de la práctica motora en los jugadores de élite, además de la contribución de la experiencia visual en los observadores expertos (Aglioti, Cesari, Romani y Urgesi, 2008)

Es cierto que los jugadores experimentados y los observadores expertos utilizaron un criterio de respuesta similar al hacer un resultado parecido de las canastas que entraban o salían, incluso en la observación de los clips más cortos. Esto puede indicar que los jugadores expertos y los observadores trataron de extraer la información relevante sobre el destino del tiro libre derivando señales cinemáticas de los movimientos del cuerpo del jugador modelo que tira el tiro libre.

Los observadores predijeron el destino de los lanzamientos en los clips más cortos de duración de forma significativamente menor que los jugadores expertos y con resultados no muy distintos a los novatos. Esto indica que los jugadores de élite, pero no los novatos y los observadores, pueden "leer" la cinemática de la acción observada.

Los resultados obtenidos sugieren que la experiencia motora puede ser crucial para ser capaces de detectar las señales cinemática relevantes a través de la lectura de los movimientos y gestos del cuerpo.

Por lo tanto, los datos apoyan la teoría psicofísica de percepción-acción, lo que básicamente significa que *"ver sin hacer"* no es suficiente para alcanzar la excelencia, es decir se torna fundamental la experiencia vital (en práctica) de un jugador en el desarrollo del proceso de anticipación.

Curiosamente, los resultados sugieren que el sistema motor de los jugadores expertos, y los observadores expertos se activan cuando observan acciones que pertenecen a su ámbito motor o experiencia visual.

Para concluir, se sugiere que sólo la experiencia motora dota al sistema motor con la capacidad de discriminar entre un gesto erróneo o correcto, teniendo en cuenta que la puesta a punto de estos mecanismos, al cabo de los años de experiencia en baloncesto provocarán acciones anticipatorias complejas.

Esta conclusión nos puede ofrecer una idea de la importancia de trabajar todas las situaciones que nos sean posible en el proceso de formación de nuestros jugadores desde que son pequeños, exponiéndoles a todo tipo de situaciones de juego, más o menos reducidas, más o menos reales, con un mayor o menor número de estímulos, en definitiva, ofreciéndole al jugador experiencia en el juego.

4.3. El enfoque basado en el conocimiento.

Obviamente, uno de los objetivos que tienen aquellos investigadores que tratan este tema, es conocer cuál es y cómo emplean el conocimiento los jugadores con experiencia en situaciones de alto rendimiento y exigencia.

Algunos investigadores han intentado aclarar de qué forma las representaciones mentales del conocimiento táctico (McPherson, 1993) y de las acciones influyen en la realización motriz, y de qué manera el entrenamiento alimenta al sistema cognitivo y lo convierte en un sistema *experto* (Abernethy, Thomas y Thomas, 1993; Thomas, French, Thomas y Gallagher, 1998).

El conocimiento ha sido representado en la memoria como la interacción de procesos a corto y largo plazo. La memoria a corto plazo o de trabajo se responsabiliza del almacenamiento temporal de las informaciones necesarias para poder actuar, aunque dicha capacidad queda reducida y limitada a uno segundos.

En comparación con éste, la memoria a largo plazo queda "guardada" por conceptos como memoria permanente en la que se encuentra el conocimiento que el jugador ha adquirido a lo largo de los años de entrenamiento diario, tanto de habilidades como estratégico.

Fue Chi (1982) quien definió tres tipos de conocimientos que ha sido muy considerados durante años en diversos estudios deportivos:

- **Conocimiento Declarativo** (memoria declarativa): Este tipo de conocimiento hace referencia al conocimiento sobre los gestos técnicos, configuraciones del juego, táctica y estrategias de acción que pueden tener los jugadores e incluso a las características de la pelota de baloncesto. Su principal característica, como bien dice su nombre, es que es posible verbalizar la acción por parte del jugador, pudiendo expresar cómo transcurren sus acciones o qué respuesta tienen diferentes situaciones concretas del juego. Los jugadores expertos poseen una mayor cantidad y calidad de conocimiento declarativo sobre su deporte, en comparación con los novatos (Sánchez, 2001; Durán, 2003; Jiménez, 2004).

- **Conocimiento Procedimental**: Este tipo tiene que ves con el conocimiento que posee un jugador sobre el cómo realizar una táctica o cómo llevar a cabo una acción. Este tipo de conocimiento incluye todos los aspectos perceptivos y cognitivos que queda implicados en la producción de dicha acción, siendo su conceptualización en términos de sistemas de producción del tipo If... Then ...= Si ... entonces..., es decir, ante tal circunstancia ésta es la respuesta. Esta memoria permite el empleo habilidades aprendidas para responder de forma adaptada a los requerimientos del medio. Podíamos decir que nuestros jugadores expertos han almacenado en su memoria cientos de situaciones tácticas con sus posibles soluciones (Jiménez, 2004).

- **Conocimiento Estratégico**: Éste es un tipo de conocimiento considerado como de "alto nivel declarativo" ya que tiene que ver con el conocimiento que poseen los jugadores sobre sí mismos como sujetos que poseen un conocimiento y experiencia, y que siendo capaces de realizar numerosas acciones técnico-tácticas y sobre todo de tomar decisiones diversas en el juego real. Dichos jugadores son conscientes de que conocen las técnicas, las jugadas, las tácticas necesarias para superar a su adversario.

Son conscientes de sus competencias y sobre el nivel de dificultad de una tarea y lo éstas demandan, permitiéndoles analizar profundamente las diferentes situaciones del juego, calcular con más exactitud las posibles consecuencias de sus decisiones. En definitiva, es la conciencia que los jugadores tienen de sus conocimientos declarativos y procedimentales relacionado con el baloncesto (Starkes y Allard, 1993; Ruiz y Arruza, 2005). Como os podéis imaginar, está comprobado que los jugadores expertos poseen un elevado conocimiento estratégico.

French y Thomas (1987) examinaron la contribución de los conocimientos de baloncesto (declarativo) y las habilidades en nuestro deporte (procedimental) para el desarrollo de la toma de decisión y el rendimiento en general. Este estudio incluía jugadores de alta y baja cualificación de edades comprendidas entre los 8 y 12 años. Los jugadores realizaron una prueba de conocimientos de baloncesto diseñados para evaluar el conocimiento declarativo, mientras que las pruebas de habilidad de tiro y dribbling se tomaron como medida del conocimiento procedimental.

Para el experimento se diseñó un instrumento que evaluaba el rendimiento infantil durante el juego real. Esto se utilizó para evaluar el control y manejo del balón, su precisión en la toma de decisiones y su capacidad para ejecutar la habilidad elegida. Los resultados demostraron que los niños cualificados en ambos grupos de edad poseían más conocimientos de baloncesto, lograron mejores resultados en las pruebas de tiro y un mejor rendimiento en situaciones reales de juego. Esto indicó que tanto cognitivamente como las habilidades motoras contribuyen al desarrollo de habilidades de baloncesto en formación.

Fue en otro estudio, realizado por los mismos autores, donde trataron de determinar si hubo un aumento en el conocimiento declarativo y procedimental en el transcurso de una temporada.

Se hizo una prueba de conocimientos sobre baloncesto y dos pruebas paralelas de habilidad, todo ello se hizo en grupos de entre 8-10 años, con diferentes niveles de experiencia, tanto al principio como al final de la temporada. Las puntuaciones medias del rendimiento en pretemporada fueron del 87% ara el control del balón, el 67% para las decisiones y el 68% en la ejecución, mientras que los porcentajes en postemporada fueron del 96% para el control, 83% en las decisiones y 72% en la ejecución.

Se observó además mejoras en el rendimiento de los niños en las dos pruebas de conocimientos sobre baloncesto. Sin embargo, el rendimiento de los jugadores en las dos pruebas de habilidad se mantuvo relativamente constante a lo largo de la temporada.

Estos resultados sugieren que los jugadores jóvenes en baloncesto adquieren conocimientos declarativos más rápido de lo que pueden mejorar en los aspectos de procedimiento de actuación. Esto quiere decir que, los niños pueden aprender qué hacer en determinadas situaciones del baloncesto más rápido de lo que pueden adquirir las habilidades motoras para llevar a cabo dichas acciones.

Por otro lado, podemos concluir que el estudio indicaba que el aumento de los conocimientos sobre baloncesto fue un factor significativo para mejorar la capacidad de toma de decisión al final de la temporada. Esto confirma la idea de que el desarrollo de una base de conocimientos sobre baloncesto juega un papel importante en la toma de decisión.

El hallazgo de que lo niños aprenden sobre qué decisiones son más apropiadas durante el juego, más rápido que en adquirir las habilidades fundamentales del baloncesto ha sido cuestionado por McPherson (1991). Éste sugirió que dichos resultados pueden haberse debido al mayor énfasis en las habilidades cognitivas durante los entrenamientos y el juego. Un énfasis excesivo en el desarrollo de habilidades motoras puede ser efectivo en jugadores con una técnica avanzada, pero pobres en conocimientos estratégicos del juego, mientras que demasiada instrucción estratégica y en la toma de decisión puede generar jugadores que saben qué hacer, pero no poseen las habilidades motoras necesarias para ejecutar la acción.

En mi opinión, las conclusiones expuestas anteriormente nos hacen ver la importancia del equilibrio en la enseñanza del baloncesto, buscando como objetivo fundamental desarrollar jugadores que sean capaces de tomar decisiones correctas y rápidas a través de sus propios recursos. Más adelante veremos diferentes modelos de enseñanza que pueden ofrecer una perspectiva idónea para el trabajo de los diferentes aspectos cognitivos y motores.

5. Teorías sobre el Proceso de Anticipación

La anticipación es la habilidad de predecir qué ocurrirá cuando nos preparamos para ejecutar una habilidad o táctica. Antes de la ejecución, ¿qué información debe ser vista, oída, o de lo contrario, percibida o atendida antes de actuar?

Como ya definimos anteriormente, la percepción es entendida como un proceso primario de elaboración de la información (Moreno, Del Campo, Reina, Ávila y Sabido, 2003) lo que hace que sea un factor clave en toda acción deportiva.

Se trata de uno de los procesos psicológicos básicos más importantes del ser humano, ya que le permite extraer información del medio y poder relacionarse mejor con el contexto en el que se encuentra (Palmi, 2007).

El hecho de percibir comprende la operación de los sentidos, e implica el despliegue de nuestros sistemas sensoriales o receptivos, la dirección y redirección de la atención (Barber y Legge, 1980).

Conviene matizar que el proceso de percepción se compone de dos fases susceptibles de estudio: sensación y percepción. Estas fases se solapan, pero a su vez son diferenciables. Primero se capta una información no elaborada, es decir, unos datos del entorno, a través de los sentidos (sensación) y después se interpretan todos los datos que se consideran relevantes (percepción). De modo que una cosa es ver (sensación) y otra enterarse de lo que se está viendo (percepción) (Palmi, 2007).

La vertiente perceptiva tiene como función principal la de identificar la señal de respuesta, las decisiones efectúan la elección de la respuesta, y finalmente se producen las operaciones de programación de ésta.

La anticipación es un proceso que depende de forma casi total del sentido de la vista, está claro que los jugadores de élite no solamente controlan su mirada de forma más eficiente, sino que también definen un foco para su atención visual que tanto se puede medir como entrenar (Treiman, 1986).

5.1. El foco de atención: el ojo tranquilo.

Cuando se realiza un estudio sobre la mirada se analizan multitud de comportamientos (fijaciones, el rastreo, búsqueda, movimientos sacádicos, parpadeos, etc) a todos los objetos y localizaciones del espacio de trabajo perceptivo-motor para determinar qué es lo que más afecta a la actuación.

Una "mirada", llamado como *ojo tranquilo* ha surgido como el centro para tener éxito en un amplio abanico de tareas deportivas. El ojo tranquilo se ha mostrado para servir como base de niveles más altos de habilidad y/o actuación en baloncesto (Vickers, 1996; Oudejans et al., 2002, 2005).

El ojo tranquilo está situado en un lugar concreto en el medio deportivo y tiene un comienzo que sucede antes de un movimiento crítico final en la tarea de ejecución. El ojo tranquilo de los jugadores de élite se anticipa más y es más largo que en jugadores novatos. El ojo tranquilo además se puede entrenar y se ha demostrado su contribución en diversos deportes al proceso de anticipación. La focalización y concentración son habilidades para detectar de forma constante los índices correctos y no distraerse por acciones irrelevantes, por un largo periodo de tiempo, siendo determinante de nuevo en todos los procesos de anticipación.

5.2. Estrategias de búsqueda visual y su relación con los procesos de anticipación.

En relación, a las estrategias utilizadas para la localización visual de los estímulos relevantes, actualmente se conoce que el sujeto los detecta dentro de la visión periférica, obteniendo la información de "dónde está", siendo por tanto percibido a través de la región central de la retina, que proporciona información de qué es (Trevarthen, 1968, Williams, Davids & Williams, 1999).

Las investigaciones que se han realizado en relación, al comportamiento visual en el baloncesto se han centrado principalmente en la localización del número de fijaciones visuales realizadas, ya que éstas permiten al individuo establecer un área informativa de la imagen en visión focal.

Los resultados que se obtienen en numerosas investigaciones muestran que el proceso de anticipación es fundamental en los deportes de equipo, debido a las limitaciones que presentan los jugadores en relación, al tiempo de reacción y de movimiento (Glencross y Cibica, 1877).

Según algunos autores, los jugadores de nivel de pericia alta no poseen patrones de búsqueda visual de forma aleatoria, sino estrategias perceptivas intencionadas. Dichas Estas estrategias visuales les permiten actuar de forma más efectiva en situaciones con límite de tiempo o número reducido de señales (Bard y Fleury, 1981). Además, están controladas por el conocimiento que los deportistas han registrado a través de su experiencia práctica. Tanto es así, que podemos afirmar que la selección del programa motor correcto en cada situación depende de su destreza perceptiva.

Es precisamente durante las fijaciones visuales, cuando se produce el procesamiento de la información del contexto deportivo donde se encuentra inmerso. El tiempo en el que el jugador se encuentra realizando una fijación sobre un determinado estímulo se interpreta como la importancia que éste le da a dicha información para él, siendo para algunos autores una medida de procesamiento cognitivo encubierto (Just y Carpenter, 176).

Algunos autores como Abernathy (1987), afirman que el jugador posee una especial habilidad para hacer predicciones precisas sobre lo que va a ocurrir basadas en la información disponible en los primeros estadíos de la secuencia de acción.

Ripoll (1991) afirmó en uno de sus estudios que la principal diferencia entre jugadores expertos y noveles se encuentra en que los jugadores con nivel de pericia alto realizan una sola fijación visual, pudiendo procesar gran cantidad de estímulos, mientras que los jugadores con nivel de pericia bajo realizan una búsqueda visual siguiendo el orden de aparición de los eventos de forma secuencial.

Los jugadores expertos poseen ciertas ventajas en los procesos de anticipación y toma de decisión con respecto a los jugadores nóveles, ya que son capaces de seleccionar la información más relevante en cada situación basándose en un rastreo visual más efectivo. Además, poseen un mayor conocimiento de las posibles situaciones que se puedan producir, ya que disponen de un registro mayor de acciones en su memoria, lo cual les permite poder ajustar en mayor medida su actuación, mejorando con ello la relación entre el estímulo y la respuesta (Dickens, 1992).

5.3. Toma de decisión tras los procesos perceptivos y su consecuencia en la anticipación ¿es la anticipación un caso particular de toma de decisión?

En el modelo de procesamiento de la información (modelo serial), los estadios se suceden sin una recuperación temporal, es decir, el tiempo entre la presentación del estímulo y el inicio de la respuesta es la suma de las duraciones de uno de los estadios (Schmidt y Wrisberg, 2008), aumentándose cuanto más difícil sea la tarea propuesta (Temprado y Famose, 1999).

Una correcta anticipación permite seleccionar los estímulos relevantes del entorno, focalizando previamente la atención sobre éstos (Vicker, 2007).

Por otra parte, se entiende por patrón de reconocimiento a la habilidad de percibir de forma significativa en el entorno donde se encuentre el sujeto. Éste es requerido para detectar objetos durante el movimiento en juegos donde se requiera una inteligencia motriz específica.

La recuperación de memoria requiere la habilidad de encontrar las mejores soluciones en la memoria tomando las condiciones cambiantes encontradas en escenarios deportivos. -Resolución de problemas es la habilidad de transformar una situación posible en una situación final. La resolución de problemas ocurre constantemente en el deporte y puede pasar de ser rutinaria a novedosa y compleja. -La toma de decisiones es la *"habilidad de toma la mejor elección entre varias alternativas"* (Eysenck, 1994). La habilidad de tomar decisiones efectivas es crítica en el baloncesto y predomina sobre las otras habilidades perceptivas y cognitiva.

El hecho de que en el baloncesto los jugadores se enfrenten a oponentes constantemente lo convierte en un contexto especialmente relevante para estudiar los procesos de toma de decisión (Ruiz y Arruza, 2005). Este proceso es de suma importancia en el análisis del éxito en la práctica deportiva. Conocerlo se torna fundamental para optimizar el rendimiento de los sujetos. Las investigaciones que se han realizado para su estudio concluyen que una correcta percepción de las diferentes acciones que se suceden durante el juego determinará una correcta toma de decisión.

Durante el procesamiento de la información en los deportes donde las habilidades que se ejecutan san abiertas o de regulación externa el canal visual es el más utilizado (Damas, Moreno, Reina y Del Campo, 2004; Del Campo, Reina, Sanz, Fuentes y Moreno, 2003; Moreno, Ávila y Damas, 2001; Ruiz y Sánchez, 1997; Ripoll, 1991).

Por tanto, existe una relación directa entre percepción visual y toma de decisión, especialmente en los deportes de equipo, donde interactúan mayor número de elementos y la incertidumbre es elevada, con objeto de analizar el entorno y extraer la información adecuada (Tenebaum, 2003).

En dichas circunstancias, la inestabilidad del entorno donde se desarrollan los duelos presenta principalmente las siguientes características: limitación temporal, escasa información disponible y toma de decisión con una elevada inmediatez. En tales circunstancias puede ocurrir que la suma total del tiempo de reacción del sujeto más el tiempo del movimiento supere inevitablemente el tiempo total del que dispone para realizar su acción de forma eficaz, pudiendo los jugadores para ello reducir cualquiera de ambos procesos, para lo cual es necesario desarrollar los procesos de anticipación, reduciendo cualquiera de ambos, el tiempo de movimiento o el tiempo de respuesta (Durand, Geoffroi & Jacquemond, 1999).

Los procesos de anticipación se convierten en una necesidad en este tipo de deportes donde los jugadores deben organizar los estímulos significativos, analizarlos y tomar las decisiones oportunas en el momento adecuado, a través de la localización de los patrones de juego que se suceden constantemente durante las diferentes acciones a las que se enfrentan los jugadores, convirtiéndose por tanto en elemento clave para la mejora del rendimiento deportivo.

En relación, a la pregunta que se plantea en el enunciado del punto tres, debemos tener en cuenta que un comportamiento táctico y decisional se fundamenta en la capacidad anticipatoria del deportista, la previsión de que puedan suceder determinados acontecimientos es una variable que facilita la correcta toma de decisiones. Evidentemente no podemos entender la anticipación como algo a lo que nos arriesgamos a predecir sin ninguna base o sustento. Será la propia experiencia en la actividad quien nos va a poder facilitar desarrollar este proceso cognitiva, por lo tanto, a través de muchas sesiones de entrenamiento de calidad, el deportista irá adquiriendo esta variable, convirtiendo el proceso de anticipación en una de las mejores herramientas decisionales que pueda aplicar.

5.4. Toma de decisión táctica. Limitaciones

En teoría, la capacidad que tienen los jugadores expertos para codificar y recuperar la información deportiva con precisión y eficiencia es extremadamente valiosa en la toma de decisiones. Fue Wickens (1992) quien argumentó que los jugadores de élite tienen tres ventajas fundamentales a la hora de tomar decisiones en comparación con sus compañeros con un nivel de pericia menor.

Primero, son capaces de seleccionar la/s señal/es más relevantes dentro de su marco visual basado en el *Chunking* o *Fragmentación perceptual* (es decir, más eficaz en el tratamiento de la información conceptual).

Segundo, tienen un mayor repertorio de posibles hipótesis y posibles acciones, almacenados en la memoria a largo plazo y sobretodo son mejores a la hora de calibrar sus decisiones a las probabilidades y riesgos (es decir, poseen un amplio conocimiento de las probabilidades situaciones) actuales.

En tercer lugar, muestran un acoplamiento estrecho entre el reconocimiento de señales, la formación de hipótesis y los resultados de la toma de decisiones (básicamente se produce una mejor compatibilidad entre el estímulo-respuesta basado en el reconocimiento y los procesos del juego).

Por lo tanto, un jugador de baloncesto experto tiene reglas directas que determinan que si se reconoce un patrón particular de juego, una determinada acción es más eficaz cuanto la acción es parte de un gran bloque de acciones de este tipo, incluidas en la memoria a largo plazo (Teoría ACT*).

Chase y Ericsson (1981) argumentan que la práctica (entrenamiento) y la formación de los jugadores conduce al fortalecimiento de esta relación que existe entre la estructura de la codificación, de la recuperación y los "atajos" que cogen para tomar decisiones más rápidas y más precisas.

A pesar de la importancia de la toma de decisiones en el baloncesto, hay una escasez de investigación empírica para verificar que los expertos son mejores tomando decisiones. En un estudio, Thiffault (1980) utilizó cinco grupos de jugadores de hockey sobre hielo que difieren en edad, experiencia y nivel de habilidad. A los jugadores se les presentaron diapositivas con situaciones reales de juego. Cada jugador vio las diapositivas un tiempo limitado y tuvo que decidir rápidamente y con precisión si la respuesta más adecuada era el *portero, disparar o patinar*. La respuesta correcta para cada diapositiva previamente había sido evaluada por diez expertos de hockey, mientras que la variable dependiente fue el tiempo de reacción de la voz. Los resultados mostraron que las tres variables independientes (edad, experiencia y nivel de habilidad) afectaron significativamente a la toma de decisión. Diseños similares se han utilizado para examinar la toma de decisiones táctica en baloncesto (Bard y Fleury, 1981).

Helsen y Pauwels (1993) le presentaron a jugadores expertos y novatos en una pantalla de cine, en tamaño natural diversas situaciones tácticas del juego. Estas situaciones del juego habían sido extraídas de partidos internacionales. Los sujetos vieron la secuencia de acción evolucionando en la pantalla hasta que el balón parecía dirigirse hacia ellos mediante un atacante del video. Los sujetos fueron entonces obligados a responder físicamente, como si estuvieran en las situaciones de juego, ya sea lanzando el balón hacia el objetivo, pasando a un compañero de equipo o regateando a un oponente o portero. Los resultados mostraron que los futbolistas expertos iniciaban antes la acción, tiempo de respuesta menor y además fueron más precisos en sus decisiones que los novatos.

Aunque la investigación pone de relieve las estrategias perceptivas empleadas por los expertos, así como sus capacidades de toma de decisión mejoradas, no aumenta nuestra comprensión de la información que se utiliza en la toma de decisión y cómo se desarrollan las estructuras de conocimiento como resultado de la práctica.

Como entrenadores y profesionales debemos conocer esta información cuando se trata de desarrollar la toma de decisión específica en baloncesto. A continuación, presentamos algunas de las investigaciones que ha tratado de abordar estas limitaciones:

5.4.1. Paradigma basado en el conocimiento.

El paradigma del conocimiento se introdujo en el estudio de la cognición por Anderson y otros (Por ejemplo, Anderson 1982; Chi y Rees, 1983) y más recientemente se ha adaptado para medir la experiencia en el deporte (French y Thomas, 1987; McPherson y Thomas, 1989).

Este enfoque intenta describir con mayor precisión las estructuras de conocimiento que subyace el desempeño cualificado. Hasta ahora, los expertos han demostrado poseer un almacén de memoria más completa y altamente diferenciada. Anderson (1987) sugiere que hay importantes fuentes de conocimiento, es decir, el conocimiento procedimental y declarativo, que ya vimos anteriormente.

Os recuerdo que el conocimiento procedimental nos permite conocer el *How I Do?* o *¿Cómo lo hago?,* por el contrario, el conocimiento declarativo se refiere al conocimiento de los hechos relevantes de una tarea específica, o sea, *What I Do?* o *¿Qué hago?*

5.4.2. Aprendizaje táctico mediante video juegos

Una parte importante sobre lo que pueden y no pueden hacer los ordenadores o video juegos ha sido un tema importante de investigación y desarrollo. Una de las primeras pruebas de rendimiento para ordenadores fue el ajedrez. Esto se debió principalmente al hecho de que los juegos de estrategia son micromundos con niveles de complejidad apropiados y adaptados. Además, el progreso podía medirse fácilmente estableciendo parámetros medibles que encasillaran al "jugador" en el nivel que le correspondía.

Como os podéis imaginar el problema principal durante tantísimos años fue el diseño de un oponente virtual que fuera capaz de "aprender". Los primeros programas utilizaron métodos de búsqueda para simular el juego inteligente, siendo efectivo para juegos finitos de información, pero no fueron efectivos para la mayoría de los juegos de estrategia.

Programas posteriores utilizaron técnicas de reconocimiento de patrones y teoría de la toma de decisión, pero durante muchos años estuvo muy limitado tecnológicamente.

El propósito de este punto es exponer la situación actual de los video juegos y su posible uso por parte de los jugadores con fines didácticos o para la mejora de los procesos perceptivos de forma virtual.

Se han descrito artículos que defienden programas en los cuales se pueden añadir una base de datos histórica que contienen un registro de cómo el oponente ha jugado (es decir, lo que fue exitoso o no), y la capacidad del programa de utilizar esta información para recrear de forma virtual la forma de jugar, por ejemplo, cómo defiende un equipo o qué sistema de ataque ha utilizado.

La aplicación de estos conceptos dentro de un juego de simulación complejo puede ser significativo para su uso posterior fuera de la cancha.

Como bien sabe todo el mundo, los avances en inteligencia artificial y por supuesto los incontables avances en el diseño de video juegos de baloncesto, en el cual no solo se han incorporado mejoras gráficas y detalles sumamente reales de los gestos de los jugadores, sino que además permiten infinidad de maniobras y uso de habilidades para solventar los problemas que el video juego nos plantea en defensa y en ataque.

El enfoque que quiero dar a este punto no es convenceros de que un jugador profesional deba jugar en su tiempo libre a un video juego diseñado con fines puramente lúdicos, sino que hay estudios que demuestran que usando estos mismos avances tecnológicos podemos conseguir mejoras en los aspectos perceptivos de nuestros jugadores y sobretodo avances en la anticipación en la toma de decisión táctica.

Para ello se plantea el diseño de video juegos en los cuales se introduzcan sistemas ofensivos específicos y reales captados por el scouting previo o simplemente usando una base de datos histórica, o en su defecto tener programados los sistemas defensivos más usados por un equipo concreto o las respuestas defensivas más utilizadas. El objetivo sería sacar al jugador del medio habitual de juego y trasladarle a un medio donde los estímulos externos estén prácticamente ocluidos, pudiendo centrarnos en que un jugador concreto mejore su toma de decisión para los conceptos exactos que queremos que mejore.

Por ejemplo, qué respuesta ofensiva debería tomar nuestro base cuando defienden los bloqueos directos en Flat, o cómo debemos defender un determinado sistema que contiene un Stagger.

Lo más importante que debemos medir en este tipo de situaciones sería cuánto tiempo tarda el jugador en elegir la mejor acción, buscando mejorar los tiempos de reacción y sobretodo la anticipación al movimiento.

La limitación subyacente a este sistema de entrenamiento perceptivo es su transferencia al juego real, ya que como bien hemos tratado en puntos anteriores, la influencia de los estímulos en el baloncesto es de tal calibre que sería imposible conseguir mejoras significativas usando solamente técnicas de laboratorio, de hecho, sería imposible que un jugador supiera responder de forma adecuada a una situación táctica concreta sin la práctica adecuada, y por supuesto sería imposible introducirlo en el conocimiento procedimental del jugador, sabrían qué hacer, pero no cómo hacerlo.

5.4.3. La experiencia en el deporte desde la perspectiva cognitiva

Existen varias teorías para explicar cómo se adquiere y se utiliza en el rendimiento deportivo la base de conocimientos superiores de los expertos. Entre los más populares se encuentran el control activo del modelo de pensamiento (ACT*) desarrollado por Anderson (1982; 1983; 1987) y el Procesamiento distribuido en paralelo (PDP) o enfoque de redes neuronales defendido por Rumelhart y McClellan (1986).

5.4.5. Teoría ACT

Anderson (1983) sugiere que la cognición humana se basa en un conjunto de enlaces de condición-acción denominadas *producciones*. Estas producciones son responsables de iniciar las acciones apropiadas en las condiciones especificadas. Por ejemplo, si la condición especifica algún patrón sensorial y si los elementos que coinciden con estos patrones están en la memoria de trabajo, entonces la producción inicia la respuesta adecuada. Una producción es lo que denominan McPherson y Thomas (1989) una declaración *If... then ... do = Si...entonces...hago* (Es decir, la condición-acción). Un sistema ACT consta de tres memorias diferentes: *declarativa, la producción y el trabajo*. La memoria declarativa consiste en información sobre *What to do...* = Qué hacer..., mientras que la producción o la memoria de procedimiento contiene conocimientos sobre *How to do... = Cómo lo hago...*

Los procesos de codificación depositan la información sensorial del medio ambiente en la memoria de trabajo, mientras que los procesos de rendimiento convierten los comandos en memoria comportamental o en acciones de trabajo del jugador. Del mismo modo, la memoria de trabajo está ligada a la memoria declarativa a través de procesos de recuperación y almacenamiento. Los procesos de almacenamiento se utilizan para crear nuevos registros permanentes de los contenidos de la memoria de trabajo y para aumentar la fuerza de los registros existentes almacenados en la memoria declarativa. El proceso de recuperación de habilidades la recupera de la memoria declarativa.

Desde una perspectiva práctica, es importante examinar los métodos más eficientes para el desarrollo de estos sistemas de producción en el baloncesto. Anderson (1983) sugiere que las nuevas habilidades se aprenden mediante el análisis de los resultados de las habilidades existentes. La realización de una tarea (es decir, el componente "acción" del sistema de producción) promueve la adquisición y retención de conocimiento declarativo.

Hay estudios que muestran que la habilidad de "Saber" y la habilidad de "Hacer" son aspectos importantes en le rendimiento. Sin embargo, Allard y Starkes (1991) sugieren que el "Saber" y el "Hacer", no están vinculados directamente por relaciones *If...Then...Do...* En cambio, sostienen que el "saber" y el "hacer" se influyen de forma independiente.

No sólo los expertos tienen grandes bases de conocimientos declarativos y procedimentales, pero lo que es cierto es que poseen una base de conocimiento mejor vinculado y por tanto acceden a ellos más fácilmente, ofreciendo aprendizajes y respuestas más rápidas.

5.5. Aprendizaje implícito y explícito. La importancia del Feedback en el proceso de aprendizaje.

Se ha examinado el efecto de diferentes condiciones de *retroalimentación* o *feedback* en diferentes habilidades de baloncesto. El resultado del estudio apoyó una primera hipótesis de que hubo diferencias significativas en los resultados de las pruebas con grupos que recibían feedback verbal, visual + verbal y visual.

Burkhard, Patterson y Rapue (1967) examinaron el efecto del feedback visual y verbal para el aprendizaje de habilidades. Uno de los grupos recibió solo feedback verbal y el otro solo visual (video). Los resultados demostraron que los sujetos en el grupo visual que tuvieron la oportunidad de ver su tarea mostraron una mayor mejoría que el grupo verbal. En conclusión, el resultado indica que el feedback visual mejora la capacidad de detección de errores del jugador y el análisis de las partes específicas de los patrones de movimiento, lo cual muchos de nosotros como entrenadores ya hemos tenido en cuenta durante nuestros entrenamientos.

Lozano (1991), examinó el efecto de diferentes condiciones de feedback en la habilidad del salto en voleibol. Retroalimentación verbal, visual y además un modelo comparativo. Los resultados del estudio revelaron que el grupo de retroalimentación visual con video tenía puntuaciones más altas que los otros grupos. En conclusión, el VTFB (videotape feedback) era muy apropiado para las tareas relacionadas con la habilidad de saltar, era simple y los niveles cognitivos de los deportistas permitían entender los aspectos específicos de dicha habilidad.

Tal vez lo más importante en el VTFB es detectar los elementos críticos del movimiento en cuestión.

Investigaciones posteriores sobre VTFB han sido contundentes: con el fin de ser eficaces, el video debe ser complementado con la información verbal o escrita que dirige la atención del jugador a esas señales y las técnicas más importantes para su desempeño exitoso (Boyce et al, 1996; Hebert y Landin, 1997).

Debido a esto, los jugadores pueden convertir este método en frustración, perder la motivación o sentirse abrumados con el VTFB. En este punto, es fácil para los entrenadores, que asumen que el VTFB no es eficaz como método de enseñanza de una habilidad técnica o táctica. Sin embargo, es importante darse cuenta de que la motivación y el entusiasmo es típico de las primeras fases del aprendizaje; con las tareas apropiadas, esta condición es temporal. Como los jugadores identifiquen el éxito que obtienen tras la identificación y corrección de los errores, la motivación y el disfrute con el VTFB es probable que aumente.

Por otro lado, un grupo de investigadores, Janelle, Barba, Frehlich, Tenant y Cauraugh (1997) compararon dos grupos de jugadores que recibían VTFB con diferencias en el tiempo al recibir feedback para el aprendizaje de la habilidad de tirar a canasta.

Un grupo de jugadores se auto-regulaba el VTFB y el entrenador solo hacía comentarios según se lo demandaban los jugadores (cada uno preguntaba cuando sentía que necesitaba una corrección). En comparación con el otro grupo, éstos recibían un feedback de forma estricta (cada quinto tiro). Pues bien, el grupo auto-regulado aprendió a tirar con más éxito. Los autores mostraron que aquellos jugadores que recibieron VTFB de forma autónoma, requirieron menos feedbacks para mejorar, tuvieron un aprendizaje implícito eficiente.

Jambor y Weekes (1995) ofrecieron los siguientes resultados en el experimento que realizaron. Las puntuaciones de aquellos jugadores que recibieron retroalimentación visual + verbal fueron más altas que los jugadores que solo recibieron retroalimentación verbal, y a su vez las puntuaciones de los grupos con retroalimentación verbal fueron mayores que en los grupos de retroalimentación visual.

La razón de las bajas puntuaciones en feedback visual es que VTFB puede aumentar el entusiasmo, motivación y esfuerzo en el aprendizaje de habilidades y ponen de relieve los aspectos más llamativos de los patrones de movimiento concretos de la habilidad, donde el VTFB requiere un mayor esfuerzo cognitivo para la comprensión de la información visual (especialmente para los niños).

Cuando la información visual se combina con las explicaciones verbales es muy útil para el aprendizaje de las habilidades motoras.

Las investigaciones en este área sugieren que los procesos cognitivos juegan un papel importante durante las primeras etapas de adquisición de habilidades. El feedback verbal es un componente común entre el entrenador y el jugador durante el aprendizaje/enseñanza de una habilidad. La retroalimentación verbal es necesaria para el aprendizaje de algunas habilidades ya que permite un aprendizaje más rápido, pero no por ello más duradero o implícito.

En conclusión, debemos tener en cuenta la etapa en la que están incluidos nuestros jugadores: la etapa inicial se ha llamado *cognitiva, coordinativa*. Las características del jugador en esta etapa incluyen inconsistencia en el rendimiento, errores manifiestos en el movimiento, atención limitada a las señales que se le ofrecen y altos niveles de actividad cognitiva.

La etapa intermedia, también denominada como de *fijación /diversificación, asociativa*, se caracteriza por una mayor atención a las señales pertinentes, se incrementa la capacidad de detectar errores, aumento de la confianza y el perfeccionamiento de patrones.

Por último, los jugadores en la fase avanzada, también llamada fase *autónoma* o *fase de control*, pueden experimentar de forma autónoma e individual, exhiben mayor coherencia, muestran una buena capacidad para detectar y corregir errores, definiendo buenos programas motores.

De estas definiciones se desprende que podemos abordar de forma similar la enseñanza con VTFB. El uso de VTFB para la adquisición de habilidades debe estar basado según en la fase en la que se encuentren los jugadores.

Un modelo útil para usar el VTFB sería integrarlo con frecuencia durante los entrenamientos, buscando formatos de visionado rápido, acompañado con feedback verbal puntual. Los entrenadores mostrarían solo uno o dos elementos específicos seguido inmediatamente por la práctica y repetir el proceso hasta que se cumplan los objetivos técnicos.

Los entrenadores deben recordar que los feedback deben darse de acuerdo con el nivel del jugador y su capacidad de comprensión y el interés que haya en la habilidad. El trabajo de enseñanza por descubrimiento guiado ha obtenido resultados mucho más potentes que la instrucción directa, por lo que debemos tener muy claro qué queremos conseguir, quiénes deben aprenderlo y cómo queremos enseñarlo.

5.5.1. El aprendizaje implícito en la anticipación y percepción de pre-índices

El hecho de que un determinado tipo de habilidad se pueda adquirir de forma natural, abre la posibilidad de que un aprendizaje reflexivo o intencionado no es el único camino o forma de aprendizaje. Nosotros entendemos que en este tipo de entorno de incertidumbre elevada, ambos tipos de mecanismos son necesarios, aquellos que se activan cuando el jugador dispone de tiempo para reflexionar (intencionados), y aquellos en los que el jugador no tiene tiempo para reflexionar (intuitivos), asociados a situaciones de estrés o límite de tiempo (Lamme, 2003).

Algunos estudios concluyen que la existencia de dos vías de procesamiento, la *consciente* y la *inconsciente* actúan de forma independientemente o complementaria durante el proceso de aprendizaje (Seger, 1994), afirmando que ambos procesos son polos de una serie continua (Wolf y Schmidt, 1997).

En su estudio Seger (1994) afirma que en el aprendizaje incidental el conocimiento que se obtiene no es accesible completamente a la conciencia, es decir, los jugadores no son capaces de explicitar las razones por las que ha tomado una u otra decisión. Son decisiones complejas que se toman en situación de presión, estrés o límite de tiempo, produciéndose con ello un conocimiento abstracto y general de los acontecimientos ocurridos durante las acciones de juego.

En otros estudios, como el realizado por Williams et al., (2002), se analizó el efecto que producía la forma de transmitir la información relevante a la que el jugador debía atender durante la acción, analizando los dos tipos de transmisión de información y sus posibilidades de transferencia al partido o juego real:

5.5.2. Instrucciones Explícitas

Es la información que se le transmite al sujeto sobre aquellos aspectos que se considera fundamentales para la consecución de los objetivos propuestos, con la idea de favorecer una focalización correcta de la atención sobre dichos factores. El tipo de información suministrada se relacionada generalmente sobre aspectos biomecánicos o de la técnica deportiva, siendo generalmente muy reducida la información que se ofrece relacionada con aspectos decisionales, lo cual en este tipo de deportes es una limitación a la que debemos dar respuesta.

5.5.3. Descubrimiento Guiado (Aprendizaje Implícito)

El entrenador en este tipo de estilo de enseñanza guiará al jugador durante sus acciones, no facilitándole en ningún caso la solución a las respuestas que resuelvan las situaciones a las que se enfrenta.

En la literatura científica son muchos estudios los que abogan o por la utilización de estrategias que fomenten o un tipo de aprendizaje u otro, no teniendo presente la necesidad de activar constantemente ambos tipos de mecanismos para una actuación eficaz del sujeto. La activación en mayor o menor medida de uno u otro lo determinará las condiciones del entorno del que se trate.

Por todo ello, podemos afirmar que la técnica de percepción de pre-índices de movimiento necesita de la utilización de estrategias que fomenten ambos tipos de aprendizaje. Tal y como afirma (Magill, 1998), en la mayoría de las situaciones deportivas existe una oposición entre la atención a áreas de información relevantes con la atención a pre-índices específicos. En los deportes donde las respuestas se deban dar con una alta inmediatez, parece ser que los aprendizajes incidentales que desarrollan la capacidad intuitiva de dar respuesta de los jugadores pudiera ofrecer grandes ventajas, pero existen también situaciones donde los jugadores tienen mayor tiempo para reflexionar entre diferentes opciones o respuestas posibles, lo cual nos indica que el desarrollo de ambos procesos es absolutamente necesario.

6. Herramientas para el desarrollo de los Procesos de Anticipación

6.1. Técnicas utilizadas en el estudio de la anticipación y per-índices de movimiento en el deporte

El parámetro más utilizado, a nivel experimental, en el estudio de la anticipación ha sido el *tiempo de reacción (TR)*.

Con objeto de comprobar la anticipación de un jugador en sucesiones temporales (anticipación motora temporal), se suele manipular el per-período en una situación de tiempo de reacción (TR), comprobándose la diferencia existente entre los per-períodos aleatorios y constantes.

La anticipación espacio-temporal es una de las acciones más importantes en los deportes donde se ejecuten habilidades abiertas, como el baloncesto, donde todos los elementos que componen una acción de juego se interrelacionan constantemente y cambian su disposición inicial, haciendo necesario una organización y análisis permanente por parte de los jugadores.

Según Tyldesley y Whiting (1975) y Van Soest y Beek (1996), en este tipo de deportes, los patrones espacio-temporales consistentes en interceptaciones rápidas del balón emergen de una preprogramación, o un control del movimiento preprogramado dentro de su dominio temporal.

En estos estudios se ha utilizado la técnica de *Pre-índices (Precuing technique)* (Rosenbaum, 1980), en la que varios elementos relevantes de la respuesta pueden ser especificados por adelantado.

Autores como Franks y Hanvey (1997); McMorris y Hauxwell (1995) afirman que para conseguir un mayor grado de especificidad y eficacia debemos utilizar el método de simulación por vídeo video, ya que la representación de secuencias de movimientos reales es crucial para el estudio de la anticipación. Este método consiste en presentar videos reales al jugador durante una situación controlada de laboratorio. Además, estas secuencias han de ser presentadas a los sujetos a velocidad real, ya que ralentizar el movimiento puede reducir las posibilidades de reconocimiento de patrones del movimiento, tales como velocidad o duración de la actividad (Al-Abood, Davids, Bennett, Ashford & Martínez, 2001).

Estos resultados son importantes en el planteamiento de nuestro estudio, ya que demuestran que cuanto más cercana sea la valoración a la situación real, mejores resultados obtendremos en su transferencia.

En un estudio realizado por Reina, Del Campo, Sanz y Moreno (2003), se muestra que el tamaño de la imagen influye en la estrategia visual que emplean los sujetos, lo cual nos indica que es fundamental diseñar entornos de aprendizaje lo más próximo a las demandas reales del juego.

En relación, a la profundidad, Williams et al., (1999) nos indica que la pérdida de dimensionalidad de una situación a otra podría ser una limitación para los sujetos, ya que podría alterar sus estrategias perceptivas habituales.

Abernethy et al., (1993) afirman que los verdaderos pre-índices aparecen cuando la situación de prueba es idéntica a la real del juego y que dicho factores han provocado, gracias al desarrollo de nuevos elementos tecnológicos que lo permiten, el estudio de los procesos perceptivos en situaciones lo más similares al juego real, en situaciones de campo inclusive. Por tanto, consideramos que debemos diseñar entornos de aprendizaje en entornos reales que permitan a los sujetos optimizar su capacidad de adaptación al medio, y por tanto de resolver los problemas de forma adecuada.

Pero debemos tener también en cuenta que no toda la información se corresponde con la acción contigua, por lo que pueden actuar como señales erróneas a tener en cuenta durante el proceso de toma de decisión, pudiendo esto reducir la velocidad de ejecución del sujeto durante su acción. Esto es lo que se conoce como el paradigma costo-beneficio (*cost-benefit paradigm),* propuesto por Posner en 1980.

Sin embargo, existen otros estudios en los que se obtienen resultados diferentes, como el realizado por Schellens et al. (1986) sobre el análisis de la amplitud de los movimientos como pre-índice de respuesta, cuyos resultados muestran que el pico de velocidad gestual en la situación de elección de un pre-índice erróneo no difería del obtenido en la situación sin pre-índices.

Seleccionar por parte del jugador un patrón de estímulos no indicado disminuye significativamente el pico de felicidad gestual con respecto a la situación de no pre-índice. Esto explica la no existencia de diferencias entre la situación de pre-índices erróneos y de no-pre-índices, mostrando que una respuesta adecuada se produce después del inicio de la misma, pudiendo ser modificada durante el transcurso de dicha respuesta (Oliver, 2000).

Si analizamos los posibles patrones que se producen durante una determinada acción de juego, con objeto de optimizar los procesos de anticipación, comprobando que el sujeto focaliza su atención en aquellos factores que consideremos determinantes para una correcta toma de decisión, se utiliza la "Técnica de Seguimiento de la Mirada", que se basa en la determinación de los movimientos oculares a partir de la detección de dos puntos en el ojo: el centro de la pupila y el punto de mayor reflexión de luz sobre la cornea a través de una herramienta de precisión llamada "EYE TRACKING SYSTEM".

Por tanto, podemos concluir que los jugadores con mayor nivel de pericia reaccionan con mayor antelación antes y se anticipan mejor que los jugadores con nivel de pericia bajo debido a que realizan un número de fijaciones menor en el balón o el oponente durante las diferentes acciones.

6.2. Experimentos basados en laboratorio. Estudios sobre la aplicación de la simulación por ordenador en baloncesto.

Se ha deducido la relación que existe entre los distintos elementos de una habilidad, como puede ser el tiro y el diseño de un programa por ordenador que los analice. El sistema de análisis y simulación por ordenador en el baloncesto, así como la aplicación en la práctica, ofrece indicaciones claras a los jugadores sobre los indicadores fundamentales relacionados con la habilidad; todo ello en base a la orientación cuantitativa para facilitar el auto-ajuste del jugador y de esta forma formar un estereotipo estable de la habilidad de tiro (más comúnmente estudiada y que nos servirá de ejemplo).

Los entrenadores, actualmente, combinan el análisis por ordenador para que el propósito, o sea la mejora del rendimiento, sea más claro y objetivo.

La constante invención e investigación tecnológica sobre la simulación por ordenador han proporcionado una gran ayuda a la formación de jugadores mediante la búsqueda incansable de la mejora de las diferentes habilidades técnicas.

La simulación por ordenador conlleva aplicar un sistema informático para llevar a cabo de manera más realista una simulación dinámica de la estructura de un movimiento, función y comportamiento, así como las actividades de pensamiento y zonas del cerebro implicadas en el control de dicha habilidad motora. Se trata de una técnica descriptiva y un método de análisis cuantitativo.

La aplicación de la simulación por ordenador está directamente relacionada con los avances tecnológicos, siendo éste un medio y método importante para analizar y estudiar los comportamientos de funcionamiento del sistema y ponen de manifiesto el sistema de procesos dinámicos y leyes de movimiento. Las nuevas tecnologías de simulación por ordenador han desarrollado rápidamente programas muy complejos siendo muy beneficiosos y potencialmente útiles. Estos programas se caracterizan habitualmente por la viveza, la intuición y la aplicabilidad.

Al mismo tiempo, la animación suele ser máxima, ofreciendo gran capacidad de información, nuevas estructuras de conocimiento, alta eficiencia con efectos excepcionales, gráficos y textos explicativos para posteriores proyecciones, haciendo de este sistema un elemento perfecto para conseguir concienciar al jugador para su transferencia al juego real.

A menudo los procesos de formación de habilidades en baloncesto y su enseñanza se basan en orientaciones cualitativas, en lugar de indicadores específicos puramente cuantitativos. Debido a que el proceso de formación y enseñanza es deficiente en los correspondientes indicadores cuantitativos, los jugadores se basan enteramente en su auto-percepción y una gran cantidad de práctica con instrucciones directas, pero a menudo obtienen la mitad de los resultados con el doble de esfuerzo, además, dentro de la formación limitada de la que disponemos como entrenadores y el tiempo de enseñanza del que contamos, es sin duda un factor que afectará al resto de aprendizajes técnico-tácticos.

A través del análisis del movimiento de las técnicas de tiro, bote, pase, etc y mediante el uso de los conocimientos biomecánicos relacionados con dichas habilidades, sumado con los datos recogidos por el/los progama/s, estos experimentos tratan de encontrar el método de entrenamiento más adecuado y con ello mejorar el rendimiento de los jugadores en baloncesto. El uso de la tecnología por simulación por ordenador también puede mejorar la capacidad predictiva de los jugadores, siendo éstos expuestos a diferentes modelos de movimiento habituales de otros jugadores, sumando datos estadísticos pueden llegar a proporcionar al entrenador o jugador que lo visualiza una serie de pre-índices de movimiento que puedan incorporar para su posterior proceso de anticipación en juego real.

De hecho, hay informes al respecto en relación, a este punto que apoyan que ciertos equipos de la NBA usan este proceso para "ejercitar" fuera de la pista a sus jugadores (bases, defensores especialistas, etc) con el fin de estudiar, bajo scouting previo, mediante simulación por ordenador; siendo esta tecnología muy eficiente y segura, afectándole muy poco las condiciones ambientales. Se ha convertido en una herramienta importante de los sistemas de análisis, diseño, operación y evaluación del baloncesto moderno.

Como conclusión podríamos decir que la combinación de la simulación por ordenador y el estudio de las habilidades técnicas del baloncesto no solo sirve para encontrar los defectos de los gestos y su solución correspondiente, sino que también puede estimular el interés de los jugadores para aprender y mejorar su rendimiento.

Otros de los aspectos que actualmente están a la orden del día en avances tecnológicos aplicados al deporte es el uso de la *Realidad Virtual* (RV) (Liu, Sun, He, Liu y Cao, 2011)

Desde la perspectiva deportiva, se deben hacer dos cambios en la investigación metodológica en el uso de la tecnología: primero es el cambio en la observación tradicional basada en el ojo humano al análisis y medición del movimiento humano basado en la captura y el movimiento de los jugadores con alta precisión, tal como hemos contado en el apartado anterior. El segundo aspecto debe ser el cambio en la percepción de los propios jugadores, usando mecanismos de simulación mucho más avanzados y la emulación de condiciones concretas y específicas que nos interesen entrenar.

La realidad virtual utiliza y sintetiza muchos tipos de alta tecnología para producir un mundo virtual con experiencias sensoriales múltiples, como percepción visual 3D, sensación táctil e incluso olfativa.

En consecuencia, la RV hace que las personas que reciben esos estímulos perciban la sensación de estar en realidad en un sitio determinado, con unas condiciones determinadas.

RV es un sistema extremadamente sofisticado que, con sus técnicas mencionadas, incluye figuras, procesamiento de imágenes, procesamiento de voz, reconocimiento de audio, inteligencia artificial (que ya comentamos en apartados anteriores), transductores de información, sistemas de comportamiento a tiempo real, base de datos, modelados y simulación de sistemas, etc. Un sistema de RV típico consiste en un generador virtual de medio ambiente, generador de efectos y el dispositivo interfaz.

La mayor ventaja de este enfoque es la capacidad de capturar el movimiento real (incluyendo equipo de entrenamiento, o sea objetos) y recogiendo datos de tales movimientos. Como la animación generada es, básicamente, de la persona principal, copia el movimiento, por lo que efecto es muy realista, y se puede asegurar que es útil para el proceso de formación, al cuidar al máximo los detalles.

Este mecanismo es tan avanzado que puede captar los indicadores fisiológicos y psicológicos de los jugadores. De acuerdo con los diferentes deportes, podemos recopilar datos fisiológicos y bioquímicos, datos psicológicos y demás de los deportistas analizados; todo ellos utilizando sensores e instrumentación sofisticada.

Estos sistemas de RV incluyen mecanismos de reproducción de las acciones, siendo éstos un requisito importante del sistema de simulación deportiva. Estas simulaciones son las que realmente pueden ayudar al jugador a mejorar su nivel técnico e innovar en habilidades nuevas. El modelado de las características físicas y caracteres fisiológicos de la simulación se acerca casi a la reproducción exacta del cuerpo humano, sin perder apenas detalles relevantes de su fisionomía.

Durante muchos años la animación humana ha pasado por cuatro etapas de desarrollo: control cinemático, control dinámico, control de movimiento basado en la realidad y la captura de movimiento mediante sensores.

El uso de sensores de captura de movimiento para registrar la información tridimensional de la acción del cuerpo, está encaminado a que el sistema recoja todos esos datos para posteriormente convertirlos en un "humano virtual".

La ventaja de este enfoque es capturar el movimiento real de los datos del cuerpo, básicamente formando una imagen a través de dichos resultados, ofreciendo un efecto muy realista generando movimientos complejos.

Actualmente la RV está siendo usada para el trabajo orientado con la técnica y táctica de deportes de oposición, como puede ser el baloncesto. La técnica y la táctica juegan un papel decisivo en el rendimiento de los jugadores, requiriendo técnicas integrales y especiales, combinadas con métodos tácticos, formación y conciencia, todo ello combinado con el trabajo individual y colectivo.

A continuación, vamos a presentar una serie de técnicas utilizadas actualmente en condiciones de "laboratorio" o sea, fuera de pista cuya finalidad es el trabajo de mejora de los procesos de percepción visual principalmente y otras cuestiones que afectan directamente a la transferencia del "laboratorio a la pista".

Dentro de los diferentes modelos utilizados para estudiar la capacidad de anticipación y toma de decisiones en el baloncesto, se han presentado diferentes trabajos que centran su ámbito de estudio dentro del paradigma que se ha interesado por establecer la existencia de señales/pre-índices y posible utilización por el jugador para, a partir de ellos, realizar una acción anticipadora respecto a la acción del adversario.

Un gran número de estudios han investigado la relación entre el uso de pre-índices y la anticipación en el baloncesto. El uso de pre-índices se refería a la habilidad del jugador para hacer predicciones exactas basadas en la información conceptual disponible desde la etapa inicial de una secuencia de acción (Abernathy, 1987). Roca (1995) señala como ejemplo de la acción del deportista en situaciones de oposición en que debe utilizar estos indicios.

La posibilidad de aprender y mejorar la habilidad para extraer la información relevante (pre-índices significativos) y su posterior utilización en situaciones reales para mejorar el rendimiento, suscrita un interesante debate en este momento. Williams y Grant (1999) indicaban que los mejores desempeños en la habilidad perceptiva están soportados por un conocimiento base superior relacionado con el baloncesto, señalando que varios estudios han sido llevados a cabo para examinar la utilidad práctica de tales programas de entrenamiento en la mejora de la habilidad perceptiva en el baloncesto, concluyendo que la mayoría de estos estudios han aportado favorables conclusiones.

Con objeto de profundizar en estos estudios, cada vez está tomando más auge la utilización de la tecnología informática para simular y controlar situaciones experimentales relacionada con el estudio de estas variables que tanta importancia tiene en el rendimiento deportivo.

Fue Hubbard (1993) y Liebermann et al., (2002) quienes han realizado revisiones sobre el papel de la simulación a través de los ordenadores en el deporte, concluyendo la importancia y utilidad que pueden tener dichos programas en situaciones de "laboratorio". Así, los estudios de Alain y Sarrazin (1990), Helsen y Paewels, (1988), Christina et al. (1990); Dillon et al. (1998), Alain y Sarrazin (1990), Moreno et al. (1998, 2002) y Frazáo et al. (2004) han diseñado, desarrollado y utilizado programas informáticos como un medio más de entrenamiento, incluyendo sistemas de simulación como alternativa en el entrenamiento de habilidades deportivas abiertas.

El estudio realizado por Granda,J., Mingorance, A. Y Barbero, J.C. (2004) habla sobre el programa informático REFLEX, especialmente diseñado para la evaluación y entrenamiento de la capacidad de anticipación perceptiva y del conocimiento de las acciones en el deporte.

Este software se diseñó y desarrolló para visualizar un video en el monitor de un PC, poder parar la imagen en un momento dado y responder ante la situación presentada. Así pues, es el propio jugador que realiza el experimento el que debe para la imagen cuando decide la acción que se va a realizar en el video, intentando detenerla justo en el momento que esto ocurriera. Cada vez que se para la imagen, el jugador tiene un tiempo determinado para responder a través de categorías alternativas que se le van presentando en una serie de ventanas, respecto a cuál es la acción que piensa que se va a realizar en el video. Si es ese tiempo no responde, se visualiza un video nuevo.

El sistema de simulación deportiva se compone de varios apartados, atendiendo al proceso para conseguir reproducir una situación similar a la real manteniendo un total control de la aparición de las imágenes para así poder determinar el momento en el que el jugador debe parar la imagen (de forma ideal entre 2 y 1 fotogramas antes del fotograma crítico), para poder anticiparse describiendo la acción que va a realizar el jugador oponente. Los pasos previos para conseguir la manipulación de las imágenes finales son:

- Filmación de los gestos deportivos en situaciones de 1x0, aproximándose a la situación real de competición.

- Selección de las situaciones deportivas susceptibles de ser reproducidas en el laboratorio. De las situaciones filmadas en este trabajo se seleccionaron aquellas que permitieran obtener datos o señales que se identificasen como indicadores de la acción que se iba a realizar.

- Introducción en el ordenador de los pre-índices clave para confrontar posteriormente el conocimiento sobre las acciones de los sujetos que participan en el experimento.

Este programa presentaba dos modalidades:

- Una modalidad de evaluación de la capacidad de anticipación perceptiva y conocimiento de las acciones, donde el jugador no recibe información acerca de su actuación.

- Una modalidad de entrenamiento para el aprendizaje y mejora de la capacidad de anticipación perceptiva y conocimiento de las acciones, donde el sujeto experimental recibe feedback, tanto acerca de su elección de los que va a acontecer, como del conocimiento de las acciones mostradas.

Hay que tener en cuenta que en una situación de carácter abierto, las variaciones que se producen en el entorno y la aparición de los estímulos se dan en un breve espacio de tiempo, la capacidad del sujeto de percibir toda esa cantidad de estímulos que aparecen está limitada.

Por ello, una de las primeras consideraciones para analizar la información relevante previa a la acción es reducir la información redundante. Esta capacidad de sintetizar la información que les llega parece ser mayor en jugadores expertos que en novatos.

Una gran parte de los experimentos realizados sobre anticipación se han desarrollado mediante *técnicas de oclusión visual* (Castillo, 2000), existiendo dos variantes: *temporal y espacial.*

Las técnicas de oclusión visual han aportado resultados acerca de que los estímulos visuales resultaban relevantes a la hora de tomar decisiones en el baloncesto. Se han convertido en un método potencial para medir los índices usados durante las acciones deportivas (Williams et al., 1999). La investigación se ha centrado en el uso de las técnicas de oclusión temporal y espacial para conocer qué fases del juego o zonas corporales de los oponentes eran las que aportaban información relevante a los jugadores, basándose en la premisa de que el rendimiento es peor cuando el jugador ve una fuente de información o un área particular de la escena que resulta importante para el éxito de la tarea (Williams et al., 1999).

En la técnica de oclusión temporal, una vez filmado un gesto deportivo (técnico o táctico) determinado en una situación de competición habitual, se manipula la duración del movimiento que es presentado al jugador, que tiene que intentar predecir el movimiento del objeto ocluido.

En la oclusión espacial, al jugador sólo se le permite observar los movimientos iniciales del oponente hasta un determinado punto de la secuencia completa de la acción (James y Holley, 2002; Lidor et al., 1998), ocluyendo con ello algunas fuentes de información.

Unas de las limitaciones que presenta este tipo de técnicas es que sólo proporciona información sobre el tiempo que tarda el jugador en abstraer la información relevante (Williams et al., 1999).

Debemos también indicar que los jugadores expertos muestran mayor precisión en sus respuestas que los jugadores novatos, debido a una mayor experiencia práctica en la resolución de problemas a la que ha estado expuesto durante un determinado tiempo.

6.3. Paradigma del tiempo de reacción

Una alternativa al enfoque de oclusión visual es el paradigma de tiempo de reacción. En este enfoque, la cantidad de tiempo disponible para ver la pantalla está bajo control. Abernethy y Russell (1984) utilizan este paradigma para examinar la anticipación en jugadores expertos y menos cualificados para tomar decisiones de selección de respuesta de las secuencias filmadas de la fase previa y la acción en sí misma. Los resultados mostraron que los deportistas altamente cualificados fueron más precisos en su selección de tiro, con estas decisiones que se toman en tiempo de visualización más cortos. Del mismo modo, Williams et al. (1994) utilizaron este enfoque para examinar la anticipación de 11 vs 11 simulaciones ofensivas en fútbol. Los grupos de jugadores con y sin experiencia visionaron 10 segundos de fragmentos de películas atacando patrones de juego en un partido. En la visualización de cada patrón de juego, se pidió a los sujetos que verbalizaran con rapidez y precisión la zona del campo al que se jugaron el pase. Los resultados indican que los jugadores con más experiencia eran mucho más rápidos y precisos en anticipar el destino del pase, aunque no se encontraron diferencias entre los grupos que utilizaron la verbalización o el sistema informático para controlar la respuesta.

Aunque estos paradigmas han tenido éxito en la identificación de las diferencias en la anticipación en el deporte, también han recibido muchas críticas. Estas críticas incluyen desde la pérdida de tamaño de la imagen y dimensionalidad cuando se utiliza una pantalla pequeña de televisión u pantallas de PC, la ausencia de medidas de respuesta basadas en movimientos realistas. Además, la pérdida de otras fuentes de información sensoriales, tales como la audición pueden tener efectos perjudiciales sobre la anticipación en el deporte (Cobner, 1981; Takeuchi, 1993).

Por ejemplo, Takeuchi (19993) encontró que cuando los sujetos fueron privados de la información auditiva cuando se juega al tenis hubo una disminución en el rendimiento. Esta observación indica que la información multisensorial se utiliza de una manera adaptativa.

Existen una serie de problemas específicos en relación, a las técnicas de oclusión visual. En primer lugar, muchos estudios han presentado un solo modelo (jugador) en sus clips (por ejemplo, Abernathy & Russell, 1987; Jones & Miles, 1978; Salmela & Fiorito, 1979). La posibilidad de que pueda haber ciertas lagunas en esta técnica, pudiendo hacer más fácil o más difícil de predecir el resultado de las acciones, haciendo difícil sacar conclusiones generalizadas de estos estudios.

En segundo lugar, cuando se utilizan técnicas de oclusión visual el jugador a prueba, debe tener algunas ideas preconcebidas acerca de qué señales son importantes y cuando se necesitan. Esto puede conducir a una situación donde no se reconozcan las fuentes de información desde el principio o puede haber una falta de correspondencia entre los periodos de oclusión temporales utilizados y el tiempo disponible en la situación de campo para que el intérprete pueda extraer las señales necesarias para la selección de la respuesta.

En tercer lugar, Serling (1963) sugiere que la información visual se retiene en la memoria a corto plazo durante algún tiempo después de la oclusión del estímulo. Estos argumentos sugieren que los paradigmas de tiempo de reacción puedes ser más realistas que las técnicas de oclusión visual en la evaluación de la anticipación en el deporte.

La investigación ha tendido a aislar el contexto de actuación mediante la eliminación del medio ambiente (es decir, la acción que ha pasado antes o el tipo de tiro, acción preferida por su oponente, etc) o información de la situación de juego (por ejemplo, la puntuación, entradas, cambios, tiempo restante, etc). Paul y Glencross (1997) mostraron que la toma de decisiones se ha mejorado significativamente cuando a los sujetos se les proporcionó una información contextual. Se encontró que el conocimiento del contexto estratégico redujo el tiempo de decisión y reduce los errores en la predicción de la acción, movimiento o trayectoria.

6.4. Limitaciones y problemas basados en el diseño de tareas en laboratorio y su transferencia a la pista.

Existe una gran cantidad de literatura sobre la adquisición y ejecución de conductas perceptivo-motrices en el deporte. Una variedad de restricciones de tareas experimentales, se han utilizado para estudiar esta faceta del rendimiento deportivo incluyendo oclusión espacial (Abernathy y Russell, 1987) y temporal (Jones y Miles, 1978)., además de técnicas de punto de luz (Abernathy, Gill, Packer, 2001) y el análisis de los comportamientos de búsqueda visual de los atletas (Abernathy, 1990; Goulet, Bard y Fleury, 1989).

Es evidente que la naturaleza de las restricciones de tareas incluidas en un paradigma experimental puede influir en los comportamientos observados de los jugadores. En este apartado queremos revisar la influencia de diferentes limitaciones en las tareas experimentales que comprenden el estudio de la percepción en el baloncesto.

El enfoque ecológico hace hincapié en que el movimiento humano de adaptación se basa en una relación entre el jugador y el medio ambiente (Gibson, 1979). La percepción consiste en la recogida de información que definen las propiedades del entorno (Michaels y Carello, 1981).

La anticipación perceptiva desde una perspectiva ecológica supone la capacidad de entender y predecir las funciones invariables del entorno que definen una acción (por ejemplo, la dirección de un rebote) antes del inicio del movimiento (por ejemplo, antes de que el balón toque el aro).

Un método experimental desarrollado en psicología ecológica y que se usa para ejemplificar la disponibilidad de la información perceptual de las acciones cinemática es la *técnica de punto de luz* (Johansson, 1973).

El método consiste en la presentación en video de jugadores que realizan en la oscuridad un movimiento, pero en este caso solo se pueden ver los marcadores reflectantes visibles que proporcionan información sobre el movimiento de las articulaciones.

Paradigmas de simulación en video se han utilizado para demostrar que los expertos son mejores que los novatos en el uso de la información visual para guiar sus respuestas anticipatorias (Jones y Miles, 1978; Abernethy y Russell, 1987). Las diferencias entre expertos y novatos en la naturaleza de la información recogida, como ya vimos anteriormente, se han atribuido al análisis de los comportamientos de búsqueda visual (Goulet et al., 1989).

Una revisión de estudios más recientes, han revelado que las habilidades perceptivas son significativamente mayores en expertos cuando se limita el trabajo a tareas in situ en comparación con simulaciones de video (Mann, Williams, Ward y Janelle, 2007).

Las simulaciones de video están limitadas por una degradación inevitable de información crítica en la pantalla donde se emite el video (Abernethy et al., 2002), mientras que los investigadores tienden a emitir repetidamente sólo unos "buenos" videoclips de un adversario (Savelsbergh et al., 2002).

Para el diseño representativo de los paradigmas para la habilidad de percepción, es fundamental entender el concepto de validez ecológica, término que se refiere a la correlación entre la información proximal a disposición del jugador y los estímulos de interés para él. Esta descripción de validez ecológica fue acuñado por Brunswick (ver Neisser, 1976, pp.48). Se trata de un enfoque formal que establece un fundamento básico para la investigación sobre cómo los seres humanos interactúan con el medio ambiente.

Cuando hablamos de *diseño representativo* nos referimos a que la mayoría de los resultados experimentales se limitan en gran medida a las características ambientales que han sido incluidos en la muestra o simuladas con precisión en los experimentos (Araújo et al., 2005). Por lo tanto, la falta de atención al diseño representativo pone en peligro las conclusiones que se puedan extraer de los diferentes estudios de investigación.

Un avance metodológico registró un aumento en el uso de modos más representativos (Helsen y Pauwels, 1990; Williams y David, 1998) de simulaciones de "tamaño natural" antes de la introducción de las gafas de oclusión visual de cristal líquido.

El entrenamiento de la habilidad perceptiva presenta dificultades cuando la queremos transferir del laboratorio a la pista, pero la pregunta que debemos hacernos es ¿Existen técnicas de instrucción para facilitar la adquisición de habilidades de percepción en el baloncesto? O redactada de forma diferente, sería ¿Puede ser entrenada la habilidad perceptiva?

En dos revisiones, Williams y sus compañeros (Williams y Grant, 1999; Williams y Ward, 2003) llegó a la conclusión de que las intervenciones cognitivas, que desarrollan la base de conocimiento asociado a la habilidad de percepción, tienen utilidad más práctica que los programas de desarrollo de aptitudes visuales. Aunque ha habido pocos estudios basados en el campo (Adolf, Vickers y Laplante, 1997; Harle y Vickers, 2001), realizaron simulaciones en vídeo que recrean la vista habitual del jugador, en primer plano, presentándoselas al jugador, ya sea en tiempo real o cámara lenta, junto con las directrices que nos interesen recalcar para enfatizar en la información relevante.

Ha habido algunos intentos por abordar la cuestión de la transferencia a la cancha, con diversos grados de apoyo a los beneficios de los programas de formación de la percepción (Singer et al., 1994; Starkes y Lindley, 1994; Tayler, Burwitz y Davids, 1994). Estarces y Lindley (1994) utilizan por primera vez el video y pruebas en pista para evaluar previamente las diferencias de formación post-test en jugadores de baloncesto novatos. Un grupo de tratamiento participó en seis sesiones de entrenamiento de 30 minutos que implican simulación de vídeo, entrenamiento, y feedback, mientras que un grupo de control completaron el pre y post tests, solamente. El grupo entrenado mostró una significativa mejora en las pruebas de anticipación basadas en el video en comparación con el grupo control, mientras que ninguno de los grupos mejoraron en las pruebas de desempeño de la habilidad en la pista.

Para concluir, los autores destacan la necesidad de desarrollar de forma realista las medidas de transferencia a la pista que reproducen la situación de juego real y permite que las mismas variables se asemejen al entrenamiento.

La intervención de sugiere que los resultados de las investigaciones apoyan la utilidad práctica de los programas de formación de percepción e indican que las habilidades desarrolladas en la transferencia de laboratorio para ajustarlas a la cancha. Parece que la simulación en video, junto con la instrucción directa y el feedback adecuado, ayuda a desarrollar la base de conocimientos cognitivos subyacentes y facilita la adquisición de la habilidad de anticipación.

6.5. Experimentos basados en pista. Teorías, pruebas y limitaciones

A pesar de las críticas anteriores, los enfoques basados en laboratorio han proporcionado con éxito pruebas rigurosas sobre el entorno de los experimentos. Sin embargo, hay una necesidad para la realización y verificación de estos hallazgos de laboratorio dentro de la configuración real para la mejora del rendimiento. Hasta ahora, muy pocos estudios se han aventurado fuera de los límites del laboratorio.

6.6. Codificación y recuperación de la información deportiva específica

La capacidad de codificar y recuperar la información específica de la tarea se supone que es un componente importante de la anticipación en el deporte. Codificación se refiere a cómo se transfiere la información en una forma que pueda ser almacenada en la memoria, mientras que la recuperación se refiere a la manera en la que se accede a la memoria con el fin de responder a la tarea que se presenta (Eysenck y Keane, 1995).

La capacidad de codificar y recuperar la información específica para el deporte ha sido examinado a través de paradigmas importados directamente desde el estudio de la experiencia en la psicología cognitiva. Los dos métodos más comúnmente utilizados son los *paradigmas de recuerdo y reconocimiento*.

6.6.1. Paradigma de recuerdo

El trabajo fundamental lo llevó a cabo De Groot (1965) en psicología cognitiva, utilizando ajedrecistas expertos. Se les mostró a los maestros de ajedrez configuraciones de piezas de ajedrez por intervalos de 5 a 10 segundos, siendo capaces de recordar casi a la perfección la posición de todas las piezas del ajedrez. Por el contrario, esta capacidad se vio gravemente disminuida según bajamos el nivel de maestría, pasando de un 93% de acierto a un 51% para jugadores de clubs federados.

Resultados que compararon Chase y Simon (1973a, 1973b), que incluyen una condición de control donde las piezas de ajedrez se dispusieron al azar en el tablero en lugar de una manera estructurada. En esta condición, no hubo diferencias entre un gran maestro y un jugador de nivel medio. Este hallazgo demuestra que la recuperación de información de los expertos no podía atribuirse a las diferencias en la capacidad de memoria visual a corto plazo (véase Frey y Ademan, 1976). Chase y Simon (1973a) concluyeron que los maestros de ajedrez son capaces de revocar imágenes debido a una base de conocimientos más avanzados en tareas específicas y la recuperación más rápida y eficiente de la información en la memoria.

La relación entre la habilidad y la información del estímulo ha sido muy estudiado. En el deporte, el paradigma de recordatorio se ha utilizado típicamente para examinar si los atletas expertos exhiben la misma ventaja cognitiva demostrado por otros expertos en dominios diferentes. Los sujetos han sido expuestos comúnmente a diapositivas estáticas de una secuencia de acción particular para un período muy corto de tiempo. Inmediatamente después, se les ha pedido que recuperen con la mayor precisión posible las posiciones de cada jugador del campo que se habían visto en las dispositivas. La investigación inicial fue realizada por Allard et al. (1980) comparando grupos de jugadores de baloncesto y los no jugadores en una tarea donde tenían que recordar la posición de los atacantes y los defensas desde un punto de vista concreto, tras visualizar durante 4 segundos cada diapositiva esquemática.

Los sujetos debían colocar imanes con sus respuestas en una representación magnética a escala de una cancha de baloncesto. Los resultados apoyan los hallazgos anteriores de De Groot (1965) para los jugadores de ajedrez, ya que los jugadores de baloncesto expertos fueron mejores en la recuperación de la información en su memoria, pero fue destacable para las diapositivas estructuradas (con lógica táctica) y a penas hubo diferencias en relación, a la colocación de los imanes de las diapositivas NO estructuradas (colocadas al azar).

La interpretación de los resultados fue que los expertos dependen de una mayor base de conocimientos específicos de su deporte que le permiten al jugador codificar y recuperar la información de manera más eficaz de la memoria. Esta base de conocimientos le permite recomponer la imagen en un número menor de *Chunks o Fragmentos,* ya que son fragmentos más grandes de información que pueden ser recordados más fácilmente y luego decodificarlos para reproducir el patrón original (Egan y Schwartz, 1979; Ericsson y Chase, 1982).

6.6.2. Paradigma de reconocimiento

El paradigma de reconocimiento fue utilizado inicialmente por Charles (1976; 1979) para examinar el aprendizaje de configuraciones de juego en el ajedrez. Los sujetos se presentan con información similar a la utilizada en el paradigma de recordatorio.

Típicamente, la mitad de las dispositivas o secuencias de películas que se presentan ya han sido vistas por el sujeto, mientras que la otra mitad no se han visto previamente. Allard et al., (1980) fueron los primeros en realizar experimentos relacionados con este tema. En su estudio, se ofrecieron imágenes de ensayos No estructurados, siendo necesario reconocer las diapositivas que habían visto en la tarea anterior. Los resultados mostraron que los jugadores expertos fueron significativamente más precisos que los no expertos en el reconocimiento de diapositivas estructuradas solamente. Parece que los jugadores de baloncesto cualificados codifican información específica de la tarea a un nivel más profundo y significativo, lo que facilita el reconocimiento de patrones particulares de juego.

Esta teoría tiene objeciones (Williams et al., 1992; Abernethy, Thomas y Thomas, 1993; Abernethy, Burgers-Limerick Parks, 1994b). Su primera preocupación se refiere a la utilización de diapositivas estáticas para retratar la actividad deportiva dinámica. El argumento es que las diapositivas no proporcionan una base realista para el examen de la percepción en el deporte, el movimiento puede ser un componente determinante en el reconocimiento de patrones (Johansson, 1973, 1975).

Además, estas capturas de imágenes estáticas no proporcionan una visión del juego representativa desde la perspectiva de los jugadores durante el juego real.

Por otra parte, estos paradigmas sólo miden la precisión del reconocimiento y el recuerdo. La cuestión crucial es si el rendimiento en estos paradigmas de recuerdo y reconocimiento está realmente relacionado con la práctica y el entrenamiento durante años.

6.7. Señal de detección y su relevancia en el campo visual.

Deportes como el baloncesto requieren que los jugadores deban atender selectivamente y reaccionen a información muy básica, como la posición del balón.

La detección de la señal se utiliza para examinar si los jugadores cualificados son mejores para detectar la presencia o ausencia de un objeto particular o jugador dentro de una pantalla visual.

En este paradigma, los temas son presentados con breves exposiciones a estímulos específicos tanto estructurados como no estructurados. Allard y Starkes (1980) pidió a los sujetos que detectaran la presencia de una pelota de voleibol en situaciones reales de juego y en situaciones de juego No reales. En la prueba, las diapositivas se presentaron durante 16 ms y se pidió a los sujetos que indicaran verbalmente, con rapidez y precisión si una pelota estaba presente en la pantalla.

El propósito del estudio realizado por (Williams, Davids y Williams, 1999) fue confirmar el hallazgo anterior, utilizando el paradigma de recordatorio en el baloncesto, que los jugadores expertos son más sensibles a la información del juego estructurado. En una serie de cinco experimentos, se encontró que los jugadores expertos responden mucho más rápido que los no expertos, en ambas situaciones de juego. No se encontraron diferencias en la precisión de la respuesta entre los grupos. Los resultados en jugadores de alto nivel en Voleibol fueron interesantes en diapositivas estructuradas y no estructuradas, contradiciendo las investigaciones en el baloncesto utilizando el paradigma de recuerdo. La estrategia adoptada por los jugadores de voleibol parecía implicar una rápida búsqueda visual de la pelota mientras se ignora la estructura de juego o contexto. La sugerencia es que, deportes de pelota rápida como el voleibol, béisbol, etc., requieren que los jugadores ignoren gran parte de la estructura del juego presente en la pantalla o visión real del juego, exigiendo máxima concentración en la posición de la pelota. Por el contrario, los juegos de equipo invasivos como baloncesto requieren de "Chunking" o "fragmentación". Esta búsqueda visual rápida frente al análisis estructurado de la imagen es un concepto que diferencia unos deportes de otros, en velocidad y complejidad (Allard, 1982).

El apoyo a este argumento fue proporcionado por Starkes (1987), que replica el estudio de Allard y Starkes (1980) usando un equipo nacional, un equipo universitario y jugadores novatos. Los resultados no mostraron diferencias entre los grupos para la precisión perceptiva o velocidad de decisión, lo que sugiere que la rápida búsqueda visual no es una restricción de la tarea importante en jugadores cualificados.

Sin embargo, es poco probable que los deportes se puedan clasificar discretamente en "Chunking" o "Focusing", sino que existe un proceso perceptivo continuo entre ambos modelos, intercambiando momentos en los que el jugador utilizada involuntariamente un modelo perceptivo u otro.

Además de los problemas con respecto a las presentaciones de los estímulos y las medidas de respuesta poco realistas, ha habido algunas críticas concretas al enfoque de detección de la señal. Por ejemplo, como hemos visto, la presentación de una diapositiva durante 16 ms puede que sea excesivamente breve, estando muy lejos del modelo perceptivo que buscamos valorar en comparación a la emisión de imágenes dinámicas a velocidad real.

Debemos tener en cuenta que lo jugadores son capaces de leer los preíndices de movimiento en situaciones dinámicas, siendo muy difícil anticiparse a los movimientos trayectorias si se emiten imágenes estáticas sin información contextual.

6. 8. Utilización de la señal por adelantado

Muchas investigaciones han estudiado la relación entre la utilización de la señal por adelantado y la anticipación en el deporte. La utilización de la señal anticipada se refiere a la capacidad de los jugadores para hacer predicciones exactas sobre la base de la información contextual disponible a principios de una secuencia de acción (Abernethy, 1987). La capacidad de hacer predicciones sobre las fuentes parciales o anticipadas de información es lo que Pulton (1957) se refirió a la anticipación perceptual. La anticipación perceptiva es esencial en el baloncesto debido a las limitaciones inherentes en el tiempo de reacción y el tiempo que duran los movimientos de los jugadores, obligando a tomar decisiones muy rápidas y efectivas (Glencross y Cibica, 1977).

Varias técnicas se han utilizado para examinar el uso de la señal por adelantado en el deporte. Estos están lógicamente divididos en enfoques de laboratorio y en pista (Abernethy, 1987).

El paradigma típico de laboratorio ya lo hemos tratado en apartados anteriores (técnicas de oclusión visual y paradigma de tiempo de reacción), en contraste los enfoques basados en la cancha han querido tener un enfoque más ecológico, mediante la medición del desempeño de los jugadores directamente utilizando técnicas como el análisis de películas de alta velocidad y las gafas de oclusión de cristal líquido.

6.9. Probabilidad situacional y la anticipación

Además de su mayor capacidad para extraer información contextual de la tarea específica, la investigación sugiere que los jugadores expertos son capaces de hacer uso de las expectativas o probabilidades situacionales para facilitar la anticipación en el baloncesto.

Las primeras investigaciones se realizaron en el laboratorio utilizando paradigmas de tiempo de reacción en la elección. Estos estudios demostraron que el tiempo de reacción es directamente proporcional a la cantidad de *Incertidumbre* o información presente dentro de la pantalla de emisión (Hick, 1952; Hyman, 1953).

Por otra parte, se ha sugerido que el ejecutante puede reducir significativamente este nivel de incertidumbre mediante la práctica (Mowbray y Rhoades, 1959). Un argumento es que los jugadores experimentados pueden utilizar su base de conocimiento superior, filtrando muchos acontecimientos como "improbables" y pueden crear una jerarquía de probabilidades de que un evento ocurra (Gottsdanker y Kent, 1978). De esta manera, los jugadores pueden reducir la incertidumbre respeto qué evento tendrá lugar (es decir, incertidumbre eventual) y cuándo va a pasar (Es decir, la incertidumbre temporal).

La mayor parte del trabajo relacionado con el estudio de la importancia de las probabilidades situacionales en el deporte ha sido realizada por Alain y sus colegas de la Universidad de Montreal (Alain & Girardin, 1978; Alian y Proteau, 1977, 1978, 1980; Alain y Sarrazin, 1990; Alain, Lacomde y Sarrazin, 1983; Alain, Sarrazin y Lacomde, 1986).

6.10. Consideraciones a la técnica de pre-índices como entrenamiento de la anticipación

Si tenemos en cuenta que las variaciones del entorno y la aparición de estímulos relevantes en situaciones de reacción se dan en un breve lapso de tiempo, la capacidad del sujeto para percibir toda la cantidad de estímulos que aparecen está limitada. Por ello una de las primeras consideraciones para analizar la información relevante previa a la acción de, por ejemplo, nuestro oponente, es reducir la información redundante. La información redundante es aquella que no aporta datos válidos para anticiparnos a la acción. Las diferencias entre sujetos para identificar índices realmente válidos, reside en la destreza de éstos para eliminar la información redundante, destreza relacionada con la experiencia en dicha habilidad (Abernethy, 1987).

Una gran parte de los experimentos sobre anticipación espacial o perceptiva se ha realizado mediante la técnica de oclusión, aplicados en deportes de oposición. En estas experiencias, a los deportistas sólo se les permite observar los movimientos iniciales del oponente, eliminado la secuencia de la fase final que supone el resultado de la acción. Los sujetos han de responder a partir de información que no procede de la culminación de la acción del oponente, siendo necesario anticiparla. Comparando sujetos expertos y noveles parece que la experiencia en la tarea objeto desarrolla la capacidad para reconocer los llamados pre-índices de movimiento, que tanto hemos hablado.

A parte de la técnica de oclusión temporal hay que resaltar las investigaciones basadas en la técnica de pre-índices (precuing technique), que consistía en dar información al deportista sobre los índices previos al estímulo principal a través de los cuales puede predecir el comportamiento del oponente o del medio en general (táctica).

Cuando hablamos de anticipación debemos mencionar el efecto que tiene el *costo de la anticipación incorrecta* (LaBerge, 1973) producto de un reconocimiento erróneo de los pre-índices o "pre-índices falsos". Schmidt y Gordon (1977) y Proteau et al. (1989) mostraron en sus trabajos cómo la información errónea sobre pre-índices incrementa el TR incluso por encima de situaciones neutras.

El uso de pre-índices en actividades deportivas con habilidades motoras abiertas, como es el baloncesto, en las que aparezca un oponente conlleva previamente un análisis de la acción de este oponente. Este análisis servirá para determinar qué acciones o qué movimientos previos pueden considerarse pre-índices válidos y cuáles no aportan información relevante para anticiparse a su acción.

Existen una serie de soluciones tecnológicas para la detección de los pre-índices y obviamente su posible entrenamiento posterior. La detección de pre-índices supone un proceso laborioso de estudio de las condiciones del entorno previas a la aparición del estímulo. En el caso de habilidades motoras abiertas, en las que la acción de un contrincante determina la respuesta del sujeto, el análisis del oponente será una pieza clave. Si consideramos que un pre-índice es, como hemos visto, una variación en el entorno que nos informa sobre lo que va a ocurrir posteriormente, una solución sería detectar qué movimientos o qué acciones realiza el oponente antes de culminar la ejecución del gesto que conllevará una respuesta por parte del deportista frente a él.

En los trabajos sobre anticipación se ha observado que un jugador experto posee más capacidad para anticiparse, reaccionando antes de la culminación de la acción de su oponente como consecuencia de su mayor capacidad para detectar pre-índices que le informen sobre el resultado de dicha acción, pero lo que nosotros planteamos es la posibilidad de que un técnico pueda detectar científicamente dichos pre-índices con el objeto de adiestrar a sus jugadores en el reconocimiento de éstos.

Un análisis sobre un número determinado de acciones podría informarnos sobre qué gestos o acciones se realizan con una significativa frecuencia antes de la acción final determinado ésta. Incluso podríamos concretar si estas acciones son susceptibles de ser percibidas por la posición en la que se encuentra el sujeto. Dicho análisis debería ser específico, no solo del deporte en concreto, sino que deberíamos analizar cada jugador contrario. Si incorporáramos a una base de datos todos los análisis de los principales jugadores de baloncesto cuando realizan una acción concreta podríamos buscar puntos en común para posteriormente intentar transferir dicha información a los pupilos.

Otro inconveniente podría proceder de la propia táctica individual del oponente, basada en el engaño o simulación de un tipo de pre-índice para realizar el movimiento contrario. Esta situación debe verse atenuada por la potencia del pre-índice, considerando aquellos que se sitúan dentro de la cadena cinética implícita del movimiento. Así, un movimiento donde el tiempo es un elemento determinante de la eficacia, debe realizarse a una velocidad suficiente que le permita obtener superioridad sobre su oponente. Un objetivo secundario del jugador que trata de anticiparse, podría ser obligar al oponente a modificar una técnica concreta de reconocida eficacia.

6.11. Aprendizaje de habilidades motoras abiertas. Adquisición de habilidades.

6.11.1. Aprendizaje Implícito. Interferencia contextual en el diseño de tareas de entrenamiento, esfuerzo cognitivo y entrenamientos aleatorios en la búsqueda de un aprendizaje real.

El esfuerzo cognitivo en las explicaciones y diseño de tareas, además de la *interferencia contextual* (CI) y el aprendizaje motor implícito representan una paradoja en la que la participación cognitiva puede ser ventajosa o no en el proceso de aprendizaje. Hay autores que han encaminado sus estudios en resolver esta paradoja mediante la medición del esfuerzo cognitivo y valorando la dependencia de la memoria durante la práctica de bajo y alto CI.

Los resultados sugieren que un alto CI puede causar un modo implícito de aprendizaje, tal vez debido a la interferencia causada por cambiar de tarea de forma rápida.

El aprendizaje motor ha sido descrito como un proceso de resolución de problemas en los que el objetivo de una acción representa un problema y el desarrollo de un patrón de movimiento adecuado representa la solución (Guadagnoli y Lee, 2004).

La programación de entrenamientos (bloqueados y aleatorios) es una variable que se ha demostrado que influye en la eficacia del aprendizaje motor. Se ha demostrado que los entrenamientos con tareas al azar entrelazas en una sesión (alta interferencia contextual) pueden dar resultados exitosos en las pruebas de retención y transferencia al juego real, a pesar de un peor rendimiento durante la adquisición de la habilidad.

Por el contrario, repetir todas las pruebas de la práctica de una tarea antes de cambiar a otro (interferencia contextual baja o práctica bloqueada) se ha demostrado que el resultado en el rendimiento en las pruebas de retención y transferencia han sido peores, a pesar de un rendimiento superior durante la adquisición de la habilidad.

Este efecto se conoce como el *Efecto de Interferencia Contextual* (Brady, 1998, 2008; Lee y Simon, 2004; Magill y Hall, 1990). Otros (por ejemplo, Shea y Zimny, 1983) proponen que los niveles más altos de esfuerzo cognitivo ocurren para los jugadores que entrenan de forma mixta (ejercicios variados), debido a que se involucran en un proceso que relaciona y distingue las acciones que realiza (tendiendo a comparar y contrastar las tareas que están aprendiendo).

Como resultado de este procesamiento comparativo, se piensa que los jugadores adquieren al azar representaciones en la memoria más elaboradas de las tareas que se han practicado.

El rendimiento disminuido en los jugadores que entrenan de forma aleatoria durante la adquisición de una habilidad es causado por la necesidad de diferenciar activamente las soluciones de movimiento de cada tarea.

En contraste, otros investigadores (Lee y Magill, 1983, 1985) consideran el mayor nivel de esfuerzo cognitivo se consigue cuando el jugador que realizar la tarea debe reconstruir los procesos para resolver las tareas aleatorias.

Existe una hipótesis sobre el plan de acción que realizan los jugadores para la reconstrucción de procesos; los jugadores olvidan la solución de un movimiento de una tarea concreta, ya que procesan los requisitos de la tarea siguiente. El cambiar de nuevo a la tarea inicial, se ven obligados a someterse a un proceso de reconstrucción exigiendo volver a planificar la forma en que llevan a cabo la tarea. La necesidad de los jugadores de recuperar y reconstruir las soluciones de los diferentes movimientos al azar, generan un peor rendimiento durante la adquisición, pero en última instancia, promueve la retención de tareas debido a que el jugador está bien entrenado en la reconstrucción de la solución motora a las tareas planteadas.

Existe evidencias empíricas que apoyan esta hipótesis (Gabriele, Hall y Lee, 1989; Lee, Wishart, Cunningham y Carnahan, 1997; Weeks, Lee y Elliot, 1987).

Tanto en la elaboración como reconstrucción de movimientos, cuentan con el efecto de interferencia contextual, asumiendo que el aprendizaje de habilidades motoras abiertas, desarrollan la memoria de trabajo (Baddeley, 2000; Baddeley y Hitch, 1974).

7. Conclusiones

La revisión realizada a lo largo de este proyecto ha tratado de sintetizar un conjunto de investigaciones que se han desarrollado en torno al comportamiento cognitivo-perceptivo de los jugadores de baloncesto, así como al proceso de anticipación en dicho deporte, basándonos en diferentes paradigmas y teorías que los respaldan.

El objetivo principal era conocer qué variables afectan directamente a los procesos de aprendizaje de habilidades abiertas y cómo el proceso de anticipación es parte de una estrategia controlada por estructuras de conocimiento almacenadas en la memoria, que permitirán al jugador obtener una ventaja sobre su defensor, tomando una decisión y ejecutando una respuesta motora inmediata antes que éste.

Se presentan hallazgos que argumentan que la acción de anticiparse es un caso particular de la toma de decisiones en jugadores con experiencia, sugiriendo vías tecnológicas para el análisis de dichas acciones, incluyendo las características ecológicas que rodean al proceso, además de algunas propuestas y teorías para su desarrollo. Con esta revisión no se pretende resolver la cuestión de qué mecanismos y procesos de anticipación en el baloncesto son los más útiles o cuales son mejores para competir en la élite, sin embargo, si quiero ofrecer una visión sobre la tremenda importancia de los procesos cognitivos previos a la toma de decisión, cuya eficacia radica en la mejora de ciertas características específicas, como puede ser la percepción de señales y la propia experiencia en el juego.

Muchas de las investigaciones han otorgado al grupo de expertos una mejor actuación en todas aquellas acciones deportivas, estratégicas y sobretodo anticipatorias en comparación con sus contrapuestos más noveles. Hemos intentado definir una serie de correlatos neurales de las diferentes capacidades perceptivas y motrices subyacentes en la anticipación de jugadores expertos. Existen evidencias psico-físicas en relación a la capacidad de los jugadores profesionales de baloncesto para predecir, antes y con mayor precisión que el resto de personas sin experiencia motora directa con el baloncesto, el resultado de una acción técnica previa visualización en un video o mediante diapositivas correlativas. Los diferentes estudios apoyan la teoría de que los jugadores, probablemente, utilizan señales del cuerpo o pre-índices de movimiento para realizar su predicción con éxito.

Este patrón de resultados alude a la importancia de la experiencia motora en la anticipación perceptiva de las acciones realizadas por otros jugadores, siendo fundamental la experiencia visual y motora para realizar un buen proceso anticipatorio, aunque se concluye que la experiencia motora prevalece sobre la visual, ejemplificando que los observadores expertos tienen resultados menos acertados y más lentos que los jugadores con experiencia motora en dicha tarea.

Los resultados sugieren que la experiencia motora puede ser crucial para la captura de los pre-índices de movimiento relevantes, proporcionando un fuerte apoyo para el entrenamiento de los procesos perceptivos, "ver sin hacer" no es suficiente para alcanzar la excelencia. El intercambio de información corporal y los procesos neurales asociados entre la percepción y la acción pueden ser cruciales para el logro de la excelencia en jugadores de élite.

8. Líneas Futuras de Investigación

Hoy en día, existen cada vez más argumentos para investigar sobre los paradigmas definidos en este proyecto en contextos cada vez más ecológicos; sobre todo en relación, a las investigaciones de laboratorio debido principalmente a la hipótesis de que cuanto más se acerque la situación experimental a la realidad, mayor ventaja tendrán los expertos sobre los noveles. Asimismo, y continuando con los hallazgos que nos ofrecen dichos estudios podemos confirmar la existencia de diferencias basadas en la experiencia, y por tanto en la práctica realizada, entre sujetos de la misma edad y diferente nivel de desempeño en el baloncesto.

Su mayor cantidad de práctica y experiencia les conducen a mayores cotas de desempeño, asumiendo que los jugadores con cierto grado de experiencia han desarrollado automaticidad al ejecutar movimientos y acciones en su deporte, consiguiendo procesos anticipatorios ante un opositor, todo basado en la posesión de un conocimiento organizado y estructurados del baloncesto, permitiéndoles detectar, localizar y reconocer con eficacia patrones dentro de cada acción del juego.

El modelo formativo que propongo persigue un futuro jugador con capacidad para improvisar y crear, sosteniendo que para poder lograr anticiparse a los problemas que el juego plantea en un entrono tan complejo, y elegir las situaciones correctas entre tantas opciones disponibles, se debe partir del desarrollo de la base y raíz cognitiva.

Se propone que el punto de partida sea un tipo de entrenamiento exploratorio, en el cual los papeles principales deberían ser ocupados por el trabajo de ajuste, realizado mediante sucesivas vivencias que realiza el propio jugador, siempre en situaciones muy activas, y con un trabajo básico perceptivo, desarrollando la atención selectiva de los estímulos.

Considero que automatismo y plasticidad son elementos opuestos, por lo que no podemos ofrecer respuestas rígidas para las habilidades abiertas como son las que componen el baloncesto.

Son numerosas las líneas de investigación que tratan de estudiar las mejoras en el aprendizaje de las habilidades abiertas, aplicando el entrenamiento en anticipación a través de diferentes técnicas, que combinan el aporte de información al sujeto (Feedback, videos, imágenes, etc.) con la puesta en práctica de diversos instrumentos tecnológicos avanzados.

El desarrollo de las nuevas tecnologías ha permitido analizar el movimiento de los jugadores con precisión casi absoluta, ofreciéndonos una información valiosísima sobre la relevancia del mismo, en forma de preíndices, siendo útil para contrarrestar la acción del oponente. Además, otro de los objetivos de este proyecto ha ido encaminado a exponer los diferentes sistemas basados en la simulación deportiva como elemento de control de esa información. Esta nueva línea abarca trabajos que van desde el análisis de la toma de decisión hasta el entrenamiento con realidad virtual o sistemas que permiten plasmar imágenes similares a la realidad para posteriormente poder trabajar sobre ellas de forma virtual.

El apoyo de muchos de los estudios a la efectividad del trabajo en laboratorio con jugadores de baloncesto para mejorar sus procesos perceptivos, están condicionados por su transferencia a la pista, animando a que este punto sea el punto de referencia y objeto de posteriores estudios, ya que existen muchas lagunas y pocas ejemplificaciones al respecto ¿Cómo puedo transferir a la pista ciertos ejercicios? ¿Qué ejercicios y tareas son adecuados para mejorar la anticipación?, estas cuestiones y otras pueden ser aspectos para reflexionar de cara a estudios o investigaciones futuras.

9. Propuesta de Intervención

A continuación, vamos a definir de forma orientativa algunas posibles intervenciones que podríamos realizar con nuestros jugadores de baloncesto para su desarrollo de las habilidades perceptivas, decisionales y en consecuencia, buscar mejorar el proceso anticipatorio.

Podríamos comenzar construyendo una base sólida de entrenamiento de las habilidades perceptivo-visuales de nuestros jugadores. Recordamos que la visión es el canal sensorial-perceptivo a partir del cual el jugador percibe la mayor parte de la información del juego, por lo que es lógico ejercitar este aspecto de forma concienzuda.

La atención visual, dominancia ocular, movimientos oculares, visión periférica, anticipación, etc... son los aspectos clave para la mejora de la percepción, pero a su vez veremos un aumento del rendimiento en los procesos decisionales posteriores. Cuestiones como ¿hacia dónde debe mirar nuestro jugador? es vital a la hora de diseñar nuestra tarea.

Por otro lado, no debemos olvidar que el baloncesto estaba sujeto a multitud de estímulos que le hacían ser un deporte complejo cognitivamente, por lo que no podemos eludir que las habilidades perceptivo-acústicas son también un referente para desarrollar en nuestros jugadores. Incluir ruido durante un ejercicio para que el jugador tenga que discriminar la voz de un compañero o usar la voz de uno o varios jugadores para trabajar la velocidad de reacción y decisión posterior. También podríamos trabajar las palabras clave predefinidas que usamos habitualmente para responder con una acción concreta, como ejemplo, cuando se va a producir un bloqueo y queremos avisar del tipo de defensa que vamos a realizar para intentar darle respuesta a este recurso táctico.

El siguiente paso que podríamos dar tras construir una base estable y mejorada de las habilidades perceptivas de nuestros jugadores, sería comenzar con el empleo de imágenes y videos. Podría ser utilizado para el trabajo de memoria y poco a poco ir introduciendo videos de cómo deberíamos actuar en ciertas circunstancias del juego (entrenamiento táctico), siempre buscando cortes de video que se ajusten a la realidad, para así favorecer su transferencia al juego real.

Os recuerdo que numerosos estudios han determinado que el empleo de imágenes y videos para mejorar la anticipación y toma de decisión es más favorable que en el caso de las habilidades visuales (Ruíz y Arruza, 2005), por lo que debemos hacer hincapié en este punto y darle la importancia que se merece, atendiendo a dedicarle tiempo fuera de la cancha.

Por último, debemos considerar qué factores influyen en la transferencia del entrenamiento a la competición o juego real. A la hora de plantear sesiones y tareas a nuestros jugadores, debemos tener este aspecto muy en cuenta, asumiendo que es un punto relativamente sencillo de incluir. Buscar las similitudes entre el entrenamiento y lo que nos vamos a encontrar en la competición es el reto, siendo conscientes de que la calidad del entrenamiento va a aumentar exponencialmente.

Fue Christina (1996) quien definió las condiciones que determinarán la transferencia del entrenamiento a la competición: *similitud estructural de las tareas, similitud percibida, similitud de objetivos; número, variabilidad y orden de las tareas propuestas; interferir en el contexto de entrenamiento y el feedback.*

A la hora de diseñar tareas que mejoren los procesos perceptivos, anticipatorios y decisionales debemos tener en cuenta 3 fases que los entrenadores debemos seguir en este sentido (Vickers, Livingston, Umeris-Bohnert, y Holden, 1999):

i. Establecer un contexto en el que las habilidades cognitivas para el proceso de anticipación y la toma de decisión sean el eje del entrenamiento.

ii. Diseñar tareas específicas que desencadenen la activación de dichos procesos de anticipación y toma de decisión.

iii. Poner en acción las siete herramientas fundamentales para este tipo de entrenamientos (práctica variable, práctica aleatoria, tipo de feedback, formulación de preguntas, feedback visual con videos, instrucción explícita y modelado).

Cada entrenador puede utilizar un enfoque diferente que considere adecuado para el nivel de sus jugadores, buscando una asimilación positiva. A su vez, podríamos distinguir entre (Christina y Alpenfels, 2002):

- Entrenamiento anticipatorio/decisional reproductivo de comportamientos tácticos ante situaciones concretas, conocidas; mediante una enseñanza directa de la decisión táctica que debe tomar.

- Entrenamiento anticipatorio/decisional por descubrimiento de las situaciones que requieren tácticas concretas. Se trata de una enseñanza indirecta donde nos centraremos en la situación y el contexto.

- Construcción y desarrollo de comportamientos anticipatorios en el jugador, mediante una enseñanza indirecta centrada en el jugador.

Para concluir con este apartado, debemos simular escenarios donde el proceso de anticipación pueda ocurrir como tal. Se trata de proponer situaciones "problema" que inciten y activen los procesos cognitivos del jugador y promovamos respuestas anticipatorias.

El esfuerzo y complejidad cognitiva deben ser aspectos a considerar al establecer las secuencias de entrenamiento, entendido el primero como la carga de trabajo mental que el jugador debe llevar a cabo y el segundo como la actividad cognitiva requerida en un tiempo establecido.

Las formas de evaluar, la mejora de los procesos anticipatorios en nuestras tareas tiene una doble vertiente, por un lado tenemos la evaluación que podríamos hacer al grabar en video cada tarea (siendo éste muy complejo de realizar) teniendo en cuenta que deberíamos tener un serie de posibles respuestas preestablecidas de forma jerárquica. Siendo realistas y dado que este sistema de evaluación es muy difícil de mantener, el método evaluativo que podemos realizar a nuestros jugadores se basa en el terreno de juego y la competición en sí misma, comprobando a través del análisis de los errores y aciertos generados en situaciones concretas trabajadas durante los entrenamientos. Se trata de una metodología semicuantitativa y relativamente subjetiva, pero que al fin y al cabo va a ofrecer datos y feedbacks al equipo técnico relativamente concluyentes.

Para concluir adjunto una propuesta práctica con una serie de ejercicios de percepción visual, visual + acústica, visión periférica, lectura de preíndices, anticipación defensiva-ofensiva, etc. Estas tareas son solo unos ejemplos prácticos a los que poder acudir y modificar según el nivel de nuestros jugadores. Debemos buscar la adaptación adecuada al nivel de pericia de los jugadores y los objetivos que estemos buscando, a todos estos ejemplos se les puede añadir detalles o sumarles conceptos para que el esfuerzo cognitivo sea mayor.

ESTRUCTURA DE TAREA – CES 2015

EJERCICIO	Percepción Visual					
AUTOR	David Ortega Pias	CONTE-NIDO	Trabajo de percepción visual, discriminación visual y velocidad de reacción con bote.			
ETAPA DE EJECU-CIÓN	Iniciación. Nivel básico.					

CARGA*:Σ *Según E.N.E.*	4	GRADO DE OPOSICION	DENSIDAD DE LA TAREA	NUMERO DE EJECU-TANTES	CARGA COMPE-TITIVA	ESPACIOS	IMPLICACION COGNITIVA
		0	0	2	0	2	0

OBJETI-VOS	1. Mejorar la percepción y discriminación visual.
	2. Reducir el tiempo de reacción y el bote de velocidad.

GRÁFICOS	VIDEO
Opción 1 Opción 2 Opción 3	

DESCRIPCIÓN DEL EJERCICIO	Situaremos a un jugador en frente del entrenador, mirándole. Detrás de dicho jugador colocaremos a 3 jugadores o 5 jugadores (Variante: Opción 2) mirando hacia el entrenador, de forma que puedan ver en qué posición está el entrenador. El jugador que "la queda" debe prestar atención al entrenador, mirándole fijamente (botando de pie, cambiando de mano, sentado botando, etc). Los jugadores en fila botan libremente o bajo la consigna que decidamos (por ejemplo, sólo cambios de mano por delante y entre piernas). Cuando el entrenador quiera se colocará en una posición concreta o realizando un bote concreto (nunca deberá variar, debe ser un movimiento o postura fija), de forma que los jugadores que están en la fila pueden copiar la postura del entrenador o hacer otra diferente. Cuando el entrenador quiera, puede avisar al jugador que "la queda" para que se gire y vaya botando lo más rápido posible hacia aquel o aquellos (Opción 1 o 2) jugadores que estén en la misma postura o haciendo el mismo bote que el entrenador. *Con la intención de incorporar complejidad cognitiva podemos realizar una cuenta atrás de 3" para que vaya botando a tocar a los jugadores que copian la postura. Como variante de este ejercicio, podemos realizar una discriminación visual negativa, por lo que la dinámica del ejercicio será igual salvo que cuando indiquemos que se gire, debe percibir y discriminar aquellos compañeros que realizan un movimiento o postura diferente a la del entrenador.
ERRORES PROBABLES	1. Al tratarse de niños pequeños, los jugadores que no "la quedan" no realizan el movimiento o lo realizan todos, no existiendo discriminación visual. 2. Tardan mucho en discriminar a qué compañero debe tocar, incluso se olvida del control del balón por precipitarse.
CORRECCIONES	1. Solicitar al entrenador ayudante que sea él quien elija quiénes deben copiar al entrenador en la postura o movimiento. 2. Es preferible que entiendan que primero debo visualizar todo en una misma imagen y luego decidir. Poco a poco mejorarán los tiempos.

EJERCICIO	1x1 percepción visual o acústica y toma de decisión						
AUTOR	David Ortega Pias		CONTE-NIDO	Trabajo de percepción visual o acústica con elementos técnicos como salidas, tiro tras bote o entradas.			
ETAPA DE EJECUCIÓN							
CARGA*:∑ *Según E.N.E.*		*GRADO DE OPOSICION*	*DENSIDAD DE LA TAREA*	*NUMERO DE EJECUTANTES*	*CARGA COMPETITIVA*	*ESPACIOS*	*IMPLICACION COGNITIVA*
OBJETIVOS	3. Estimular la percepción visual o acústica según decida la defensa. 4. Mejorar las salidas y sus cambios de ritmo y diferentes finalizaciones tras toma de decisión						

GRÁFICOS				VIDEO
Opción 1. Gráfico 1	Opción 1. Gráfico 2	Opción 2. Gráfico 1	Opción 2. Gráfico 2	
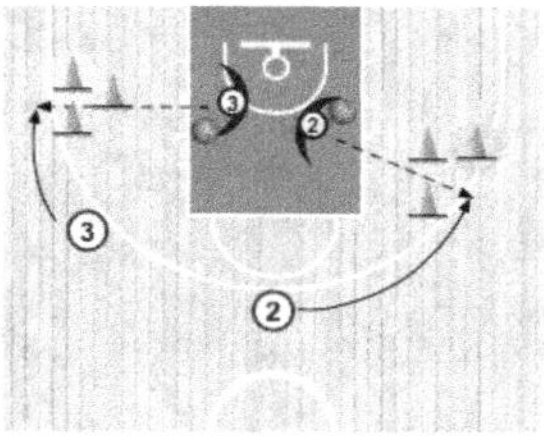	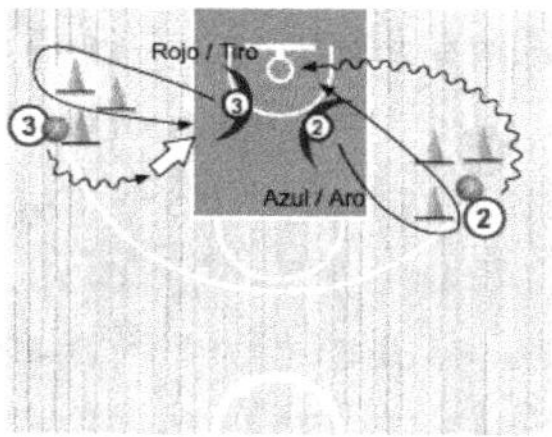	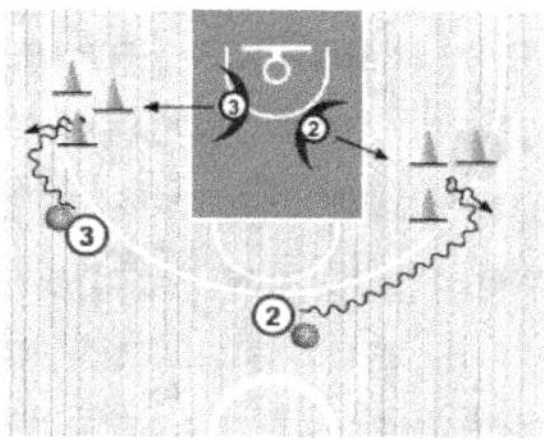	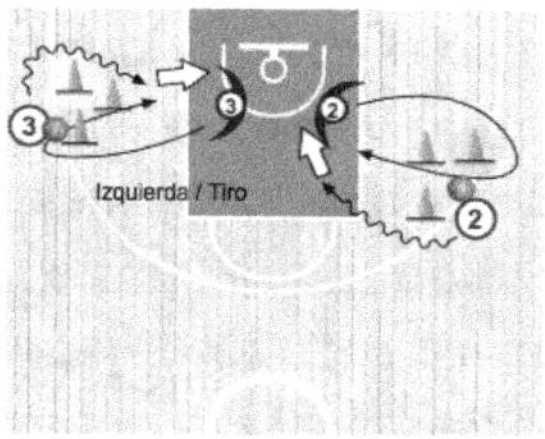	

DESCRIPCIÓN DEL EJERCICIO	Colocar a los jugadores por parejas, un balón para ambos. Preparar triángulos de conos de colores en zonas de juego concretas. Opción 1: colocamos al defensor con balón debajo de aro. El atacante se sitúa en una posición de juego previa al reemplazo de la zona de conos. Cuando el atacante decida reemplaza para ocupar el centro del triángulo de conos y recibe un pase del defensor para parar en uno o dos tiempos (según decidamos). De inmediato, el defensor debe decir o señalar por dónde quiere que salga el atacante (Por ejemplo: color de cono, derecha o izquierda, señalar el lado levantando brazo o directamente yendo a rodear uno de los conos). Además, según diga o elija un lado, debe decir si quiere "Aro" o "Tiro", de forma que el atacante debe pararse a tirar o entrar a canasta según le indiquen. El defensor debe rodear en cualquier caso el cono opuesto para generar una ventaja momentánea al atacante. Opción 2: Siguiendo la misma dinámica de trabajo y estímulos que puede elegir el defensor para emitir al atacante, pero esta vez el atacante inicia el ejercicio con bote atacando el triángulo y dando un bote atrás con "hesitation" hasta que perciba el estímulo y decida qué hacer.
ERRORES PROBABLES	1. El defensor tarda mucho en ofrecer el/los estímulo/s al atacante, generando que retenga balón o que decida antes de tiempo 2. Existe una precipitación por parte del atacante, generando una anticipación errónea, provocando gestos técnicos ineficaces.
CORRECCIONES	1. "El defensor es parte de la mejora del atacante" debe entender que él es fundamental para que el ejercicio vaya bien y que su compañero mejore, por lo que debemos dejar claro el momento exacto en el que nos interesa que ofrezca los estímulos. 2. Es necesario que exista un ajuste del tiempo de reacción a lo mínimo, pero una anticipación errónea conlleva riesgos reales.

EJERCICIO	1x1 +2 lectura de pre-índices + visión periférica		
AUTOR	David Ortega Pias	CONTE-NIDO	Lectura de pre-índices de movimiento del atacante y mejora de la visión periférica con percepción visual y/o acústica.
ETAPA DE EJECU-CIÓN			

CARGA*:Σ *Según E.N.E.		GRADO DE OPOSICION	DENSIDAD DE LA TAREA	NUMERO DE EJECU-TANTES	CARGA COM-PETITIVA	ESPACIOS	IMPLICACION COGNITIVA

OBJETI-VOS	1. Afianzar la lectura de pre-índices para el 1x1 incluyendo trabajo de visión periférica
	2. Trabajar la percepción visual y/o acústica con toma de decisión

GRÁFICOS	VIDEO
Opción 1 Opción 2 Opción 3	

¡Tiro!

DESCRIPCIÓN DEL EJERCICIO	Siguiendo el modelo de 1x1 para el desarrollo de la lectura de pre-índices, incorporamos 2 atacantes más que ocupan espacios según nuestros intereses tácticos (por ejemplo: gráficos). La idea de esta variante consiste en mantener el trabajo de lecturas defensivas y de anticipación para incorporar un esfuerzo cognitivo mayor al sumarle al ataque la posibilidad de pasar o no a uno de los compañeros que ocupan espacios para tirar. Distinguiremos 3 posibles opciones para que el jugador con balón decida entre una de ellas: 1º Uno o ambos compañeros sin balón piden el balón verbalmente para tirar ("Tiro", "palmada", etc) 2º Uno o ambos compañeros sin balón piden el balón físicamente (levantando la mano, colocando las manos para tirar, etc) sin ejercer ningún ruido. 3º Ninguno de los compañeros piden el balón, ni verbalmente ni físicamente, obligando al atacante con balón a finalizar el 1x1. Debemos ofrecer todas las opciones posibles a nuestros jugadores, de forma que el jugador con balón tome una decisión según perciba lo que ocurre a su alrededor, sin importar que se den solapamientos en las peticiones de balón (por ejemplo, que la pida un compañero verbalmente y el otro visualmente) obligando al jugador con balón a elegir cuál es la mejor opción según su criterio.
ERRORES PROBABLES	1. El ejercicio se detiene en dos momentos puntuales: en la parte inicial de la lectura de pre-índices y cuando los compañeros sin balón piden el balón demasiado tarde. 2. El jugador con balón toma una decisión errónea a la hora de pasar (por ejemplo, pasa a un compañero que no la ha pedido)
CORRECCIONES	1. Para el primer posible error lo mejor es realizar este ejercicio tras el ejercicio simple de 1x1, sin jugadores extra y así poder sumarle más esfuerzos cognitivos. Para la segunda parte, lo único que debemos hacer es concienciar a los compañeros de su relevancia para el aprendizaje del compañero. 2. No debemos NUNCA castigar el error, es parte fundamental de la mejora perceptiva y decisional del jugador.

EJERCICIO	1x1 lectura de pre-índices de movimiento					
AUTOR	David Ortega Pias		CONTE-NIDO	Lectura de pre-índice de movimiento del atacante tras close out defensivo. Trabajo de anticipación defensiva.		
ETAPA DE EJECU-CIÓN						
CARGA*:Σ *Según E.N.E. 13	GRADO DE OPOSICION	DENSIDAD DE LA TAREA	NUMERO DE EJECU-TANTES	CARGA COM-PETITIVA	ESPACIOS	IMPLICACION COGNITIVA
	4	2	1	3	2	1
OBJETI-VOS	1. Mejorar la lectura de los pre-índices de movimiento del ataque para mejorar la anticipación defensiva 2. Trabajar los close out frontal, lateral, etc. Pasos cortos + leer + anticipar defensa					

GRÁFICOS	VIDEO
Opción 1 Opción 2 Opción 3	

DESCRIPCIÓN DEL EJERCICIO	Ejercicio muy simple de 1x1 con close out defensivo (frontal, leteral, diagonal, según interés). La clave de este ejercicio radica en acotar los movimientos o recursos técnicos que puede hacer el atacante (Por ejemplo: Bote + entrada o Bote + cambio de mano + entrada. Bote + tiro o Bote + "shoot hesitation" + entrada). El hecho de acotar los movimientos ofrece al defensor un número reducido de posibles movimientos, por lo que le deja margen de lectura y posible anticipación del movimiento. Debemos premiar efusivamente cuando el defensor se anticipe al movimiento, aunque no sea capaz de proseguir con su defensa tras el gesto anticipatorio. La progresión aconsejada para este ejercicio es la siguiente: 1º Reducir número de botes posibles y premiar a la defensa si consigue anticiparse, aunque no continúe con la defensa del 1x1. 2º Premiamos al defensor si es capaz de anticiparse y además es capaz de continuar con la defensa del 1x1 de forma eficaz.
ERRORES PROBABLES	1. El defensor NO entiende que existe el concepto de pre-índice por lo que solo se deja llevar, no analiza al ataque. 2. El proceso de anticipación no es eficaz, llegando tarde y no obligando al ataque a efectuar la contra-respuesta.
CORRECCIONES	1. Explicar de forma escueta qué es un pre-índice y para qué no sirve. Tras esto debemos ofrecer los elementos que lo componen para que ellos sean capaces de percibirlos y por tanto anticiparse. 2. Motivar para reducir el tiempo de reacción, a expensas de que se equivoquen, se trata de un proceso que mejora con la experiencia. Debemos premiar aquellos gestos que sean completos y algo más "arriesgados".

10. Bibliografía

Abreu, A.M. (2014). Action anticipation in sports: A particular case of expert decisionmaking. Trends in Sport Sciences, 1(21), 5-11.

Aglioti, S.M., Cesari, P., Romani, M., y Urgesi, C. (2008). Action anticipation and motor resonance in elite basketball players. Nature Neuroscience, 11(9). 1-6 Doi: 10.1038/nn.2182.

Dicks, M., davids, K., y Button, C. (2009). Representative task designs for study os perception and action in sport. International Journal of Sport & Exercise Psychology, 40, 506-524.

Fotia, J.A. (1995). El desarrollo de la capacidad de la anticipación en el voleibol. Educación Física y Ciencia, 1(0). http://www.fuentesmemoria.fahce.unlp.edu.ar/art_revistas/pr.255/pr.255.pdf

González, A.J., y Gross, D.L. (1995). Learning tactics from a sports game-based simulation. International Journal in Computer Simulation, 5, 127-148.

Granda, J., Barbero, J.C., Mingorance, A., Reyes, M.T., Hinojo, D., Mohamed Maanan, N. (2006). Análisis de las capacidades perceptivas en jugadores y jugadoras de baloncesto de 13 años. Revista Internacional de Ciencias del Deporte, 2 (2), 15-32.

Granda, J., (2002). Simulación deportiva y su aplicación al baloncesto. Revista Motricidad, 9, 83-100.

Granda, J., Mingorance, A., y Barbero, J.C. (2004). Utilización del programa informático Réflex para la mejora de la capacidad de anticipación perceptiva. Revista de Psicología del Deporte, 13 (2), 143-156.

Hernandez, Mª.E., Oña, A., y Ureña, A. (2006). La anticipación como proceso perceptivo motor que interviene en el aprendizaje de las habilidades abiertas. Publicaciones, 36, 135148.

Mann, T.Y.D., Williams, A.M., Ward, P., y Janelle. C.M. (2007). Perceptual-cognitive expertise in sport: A Meta-Analysis. Journal of Sport & Exercise Psychology, 29, 457-478.

Moreno, F.J., del Campo, V.L., Reina, R., Ávila, F., y Sabido, R. (2003). Las estrategias de búsqueda visual seguidas por los deportistas y su relación con la anticipación en el deporte. Cuadernos de psicología del deporte, 3(1), 7-11.

Moreno, F., Oña, A., Martínez, M. (1998). La anticipación en el deporte y su entrenamiento a través de preíndices. Revista de psicología del deporte, 7(2), 205-213.

Núñez, F.J., Oña, A., Bilbao, A., Raya, A. (2006). Efectos de la aplicación de un sistema automatizado de proyección de preíndices en la mejora de la efectividad del lanzamiento de penalti en fútbol. Tesis doctoral, Universidad de Granada, 27-46.

Poveda, J., y Benítez, J.D. (2010). Fundamentos teóricos y aplicación práctica de la toma de decisiones en el deporte. Revista de Ciencias del Deporte, 6(2), 101-110.

Raab. M., y Masters.R.S.W. (2003) Discovery learning in sport decisions Implicit or Explicit processes?. International Journal of sport & Exercise Psychology, 1(4), 406-433.

Rendell, M.A., Masters.R. S. W. , Farrow, D. y Morris, T. (2010) An Implicit Basis for the Retention Benefits of Random Practice. Journal of Motor Behavior, 43(1), 1-13. DOI: 10.1080/00222895.2010.530304

Roca i Balasch, J. (1995). Percepción del movimiento. Revista de Psicología General y Aplicada, 48(1), 27-34.

Ruiz, L.M., Sánchez, M., Durán, J., y Jiménez, C. (2006). Los expertos en el deporte: Su estudio y análisis desde una perspectiva psicológica. Anales de Psicología, 22(1), 132-142.

Serpell, B., Young, W., , Ford, M. (2011). Are the perceptual and decision-making components of agility trainable? A Preliminary investigation. The Journal of Strength and Conditioning Research, 25 (5), 1240-1248.

Smeeton, N.J., Hodges, N.J., Williams, A.M., y Ward, P. (2005). The relative effectiveness of various instructional approaches developing anticipation skill. Journal of Experimental Psychology, 11(2), 98-110.

Vickers, J.N. Percepción visual y entrenamiento de la toma de decisión en el deporte. Revista Entrenadores Federación Nacional de Balonmano, 28(249), 2-16.

Vila-Maldonado, S., García, L.M., y Contreras Jordán, O.R. (2012). The research of the visual behaviour, from the cognitive-perceptual focus and the decision making in sports. Journal of Sport and Health Research, 4(2),137-156.

Votsis, E., Tzettzis, G., Hatzitaki, V., y Grouios, G. (2009). The effect of implicit and explicit methods in acquisition of anticipation skill in low and high complexity situations. International Journal of Sport & Exercise Psychology, 40, 1-18.

Williams, A.M., Davids, K., y Williams, J.G. (1999). Visual perception & action in sport. E & FN Spon, an imprint of Routledge 11 New Fetter Lane, London EC4P 4EE, 98-144.

Williams,A.M., Ward, P., y Chapman, C. (2003) Training Perceptual Skill in Field Hockey: Is There Transfer from the Laboratory to the Field?. Research Quarterly for Exercise and Sport, 74(1), 98-103, DOI: 10.1080/02701367.2003.10609068.

Xiang, L., Jinhai, S., Yaping, H., Yimin, L., y Li.C (2011). Overview of virtual reality apply to sports. Journal os convergence information technology (JCIT). 6(12). 1,2,5 y 6. Doi: 10.41/jcit.vol6.issue12.1

Yasin, A. (2004). Effects of visual, verbal, visual + verbal feedback on learning of dribbling and lay up skill. Tesis doctoral. M.S., Departament of Physical Education and Sports, 50-55.

Zhang,J., Ge,S., y Zhou,F. Studies on the Application of Computer Simulation in Basketball Shooting. Advance in Information Sciences and Service Sciences (AISS), 4(10). Doi: 10.4156/AISS.vol4.issue10.33